Christof und Helmut Herrmann

Biergartenwanderungen Franken

HEINRICHS-VERLAG gGMBH Bamberg

Inhaltsverzeichnis

Willkommen im Zauberschrank Franken.

Mit diesem Buch, das nun bereits in der 10. Auflage vorliegt, soll Lust geweckt werden. Erstens auf das Wandern im Allgemeinen. Zweitens auf Franken mit seiner geschichtlichen Vergangenheit, den zahlreichen Kunstschätzen und hinreißenden Landschaften. Und drittens auf die fränkische Bierkultur, die weltweit ihresgleichen sucht.

Franken im Wandel: veganer Brotzeitteller.

Zu sehen und entdecken gibt es einiges: Bäche, die Tauber und eine berühmte mittelalterliche Stadt (Wanderung 1); steile An- und Abstiege in prächtigen Laubwäldern auf der Hersbrucker Alb (Wanderungen 4 und 5); Höhlen, Kletterfelsen und weite Ausblicke im Herzen der Fränkischen Schweiz (Wanderung 9); das Kloster Banz, die Basilika Vierzehnheiligen und den Staffelberg im Obermainland (Wanderungen 12 und 13); rauschende Bäche, blühende Gründe und einsam gelegene Mühlen im Frankenwald (Wanderung 17); die höchsten Berge und größten Nadelwälder Frankens im Fichtelgebirge (Wanderung 19); elf Kleinbrauereien in zwei Tagen im nördlichen Frankenjura (Wanderung 22) …

Diese Vielfalt wird Ihnen auf den 22 Touren nicht nur vor Augen geführt, sondern auch mit allen Sinnen erlebbar gemacht. Wandern muss kein Dahintrotten durch Wald und Flur sein,

Freundlicher Aufruf zum Biergartenbesuch.

Der Blick vom Hohlen Fels auf den Happurger See und die Umgebung ist unvergesslich.

sondern ist bei richtiger Wahl der Strecke eine spannende Unternehmung, ein hautnahes Erleben von Fauna und Flora, ein Fitnessprogramm für Körper, Geist und Seele.

Wer wandert, bekommt Hunger und Durst. In der schönen Jahreszeit ist die Aussicht auf eine Einkehr in einem Biergarten oder auf einem Bierkeller (dieser Begriff wird auf den Seite 52 und 53 genauer erläutert) ein zusätzlicher Anreiz, sich auf den Weg zu machen. Die Verfasser haben vornehmlich Gastgärten ausgewählt, die einerseits an schönen Wanderstrecken liegen und andererseits durch besondere Vorzüge auffallen. Lieber baumbeschatteter Garten als Terrasse mit Sonnenschirmen. Lieber Biergarnituren aus Holz als aus Plastik. Lieber regionale und saisonale Küche als Allerweltsküche. Lieber Biere der hauseigenen oder örtlichen Kleinbrauerei als Großbrauereibier. Zu finden sind solche Biergärten und Bierkeller noch in größerer Zahl um Bamberg herum, im Forchheimer Raum und in der Fränkischen Schweiz. Deshalb ergibt sich für Oberfranken eine gewisse Häufung der Tourenvorschläge, ist Mittelfranken nur fünfmal vertreten und geht Unterfranken leer aus.

Auf dem Höhnskeller in Memmelsdorf lässt es sich aushalten.

Allerdings sollte man wissen, dass das Frankenland noch immer Fleischland ist. Typische Gerichte sind Schäufele (geschmorte Schweineschulter), Schweinebraten, Sauerbraten, Schlachtplatte,

Bratwürste, Blaue Zipfel (in Essigsud gegarte Bratwurst), Karpfen und Saiblinge. Mindestens ein vegetarisches Essen befindet sich auf jeder Speisekarte. Da immer mehr Menschen aus ethischen, ökologischen und/oder gesundheitlichen Gründen komplett auf tierische Produkte verzichten, steht nun bei den Einkehrmöglichkeiten dabei, wo es auch etwas Veganes gibt. Ansonsten ist in traditionellen Biergärten und -kellern das Mitbringen eigener Speisen wie eine Brotzeit erlaubt.
Die Öffnungszeiten sind in dieser Buchauflage nicht mehr aufgeführt. Zuverlässige Angaben zu machen, ist seit der Corona-Panedemie nicht möglich. Gasthäuser und Biergärten können für immer schließen, im Winterhalbjahr oder aufgrund von Personalmangel nur eingeschränkt öffnen, Ferien machen, den Ruhetag wechseln oder an Tagen mit schlechtem Wetter geschlossen bleiben. Wenn Sie auf Nummer sicher gehen wollen, fragen Sie telefonisch nach. Die Angaben auf Google Maps, Facebook und den Webseiten der Betriebe sind nicht immer aktuell.

Ohne die unermüdliche Arbeit der fränkischen Wandervereine, v. a. das Pflegen und Markieren der zahlreichen Wege, wären die Touren in diesem Buch nur schwer durchführbar. Als Dank sollen die Vereine an dieser Stelle genannt werden. Sie freuen sich auch über neue Mitglieder.

Fichtelgebirgsverein, Theresienstraße 2, 95632 Wunsiedel, www.fichtelgebirgsverein.de, info@fichtelgebirgsverein.de, 09232 700755

Frankenwaldverein, Karlsgasse 7, 95119 Naila, www.frankenwaldverein.de, info@frankenwaldverein.de, 09282 3646

Fränkischer Albverein, Heynestr. 41, 90443 Nürnberg, www.fraenkischer-albverein.de, info@fraenkischer-albverein.de, 0911 429582

Fränkische-Schweiz-Verein, Am Bürgerhaus 5, 91346 Streitberg, www.fsv-ev.de, hauptverein@fsvev.de, 09196 9989535

Steigerwaldklub, Laubanger 1, 96152 Burghaslach, www.steigerwaldklub.de, info@steigerwaldklub.de, 09552 7468

Auf dem Weg zur Wallfahrtskirche Gügel, die bereits hervorspitzt.

Im Infoteil jeder Wanderung sind die Weglänge in Kilometern, die Summe der Höhenmeter im Anstieg, die Summe der Höhenmeter im Abstieg sowie die reine Gehzeit angegeben. Pausen und sonstige Unterbrechungen sind bei den Zeitangaben also nicht berücksichtigt. Bedenken

Die Basilika Vierzehnheiligen ist eine der Kunstperlen im Obermainland.

Sie, dass Ihre tatsächliche Gehzeit auch vom individuellen Leistungsvermögen, der Tagesform, den Witterungsbedingungen und anderen Faktoren abhängig ist.

Alle Touren wurden so geplant, dass Start und Ziel umweltfreundlich und kostengünstig mit dem öffentlichen Nahverkehr zu erreichen sind. Dieser fährt in abgelegenen ländlichen Regionen zuweilen eingeschränkt, was genaues Planen oder auch zeitiges Aufbrechen nötig machen kann. Zuverlässige Fahrplanauskünfte für Züge, Busse und Ruftaxis finden Sie unter www.bahn.de, www.bayern-fahrplan.de und (für den Verkehrsverbund Großraum Nürnberg) www.vgn.de.

Die wenigsten der vorgestellten Wanderungen sind Rundtouren. Wenn Sie mit dem Pkw anreisen wollen, müssen Sie also nicht nur Zeit für die Parkplatzsuche einplanen, sondern sich auch überlegen, wie sie am Ende der Wanderung zu Ihrem Fahrzeug zurückkehren. Oft ist es angenehmer, am Morgen den Pkw am Ziel abzustellen und mit Bus und Bahn zum Start zu fahren.

Wer die meisten Vorschläge dieses Buchs in die Tat umgesetzt hat, kann von sich sagen, (Bier-)Franken in seiner Vielfalt und Schönheit abseits der Touristenpfade kennengelernt zu haben und wird vielleicht ähnlich empfinden, wie der Lyriker Karl Immermann es im Jahr 1837 ausgedrückt hat:

***„Franken ist
wie ein Zauberschrank;
immer neue Schubfächer
tun sich auf und zeigen bunte,
glänzende Kleinodien,
und das hat kein Ende.“***

GPS-Daten

Mit dieser Auflage stehen Ihnen Tracks für die 22 Touren in diesem Buch zur Verfügung. Laden Sie einfach die GPS-Daten unter www.einfachbewusst.de/biergartenwanderungenfranken (Passwort: BWF_2024_!) auf Ihr GPS-Gerät oder in eine Wander-App auf Ihrem Smartphone.

Von Schweinsdorf am Saubach, am Steinbach und an der Tauber bis nach Rothenburg

Einkehr in Dettwang, Bronnenmühle und Rothenburg

Schweinsdorf – Großer Lindleinsee – Kleiner Lindleinsee – Steinbachtal – Steinbach – Detwang – Unter den Linden – ehemalige Skisprungschanze – Rothenburg ob der Tauber

Das Steinbachtal bei Rothenburg ob der Tauber ist eines der reizvollsten Täler im westlichen Mittelfranken. Gleichwohl ist es weitgehend unbekannt. Der Steinbach fließt ab dem Zusammen-

Weglänge: 14 km
Aufstieg / Abstieg: 200 hm / 170 hm
Reine Gehzeit: 3¾ Stunden
Start: Bahnhof Schweinsdorf (Bedarfshaltestelle, Haltewunschtaste drücken) an der Strecke Steinach (b Rothenburg o d Tauber) – Rothenburg ob der Tauber
Ziel: Bahnhof Rothenburg ob der Tauber an der Strecke Steinach (b Rothenburg o d Tauber) – Rothenburg ob der Tauber
Gelände: Abwechslungsreiche Wanderung auf bequem zu gehenden Wegen. Im Taubertal auch Abschnitte auf Radwegen und wenig befahrenen Straßen. Mehr im offenem Gelände als im Wald.
Empfohlene Jahreszeit: Sehr schön im Frühjahr und zur Zeit der Laubfärbung im Oktober. Im Spätherbst und Winter kommt nur wenig Sonne ins Steinbachtal.
Karte: Naturpark Frankenhöhe, UK50-17, 1:50 000 von Landesamt für Digitalisierung, Breitband und Vermessung Bayern
Sehenswertes:
Detwang: Dorf im Taubertal. Kirche St. Peter und Paul (meist sonntags 10-12 Uhr und montags bis samstags 14-16 Uhr, 09861 700625) mit Bauteilen aus der Romanik (Stufenportale) und Gotik (Sakramentsnische). Außer zwei Seitenaltären ist besonders der berühmte Hochaltar von Tilman Riemenschneider mit Kreuzigungszene in der Mitte, Johannes mit den klagenden Frauen links und Pharisäern rechts sehenswert. Der um 1510 geschnitzte Altar wurde 1653 aus der Dominikanerinnenkirche in Rothenburg hierher versetzt und dabei in der Breite kurzerhand um 40 cm verkleinert.
Rothenburg ob der Tauber: Berühmt durch das mittelalterliche Stadtbild und die Fülle an Sehenswürdigkeiten. In der Touristinformation am Marktplatz bekommen Sie einen kostenlosen Stadtplan mit knappen Beschreibungen der Highlights. Für eine genauere Betrachtung bietet sich einer der zahlreichen Reise- und Kunstführer über Franken bzw. Rothenburg an.

Der Große Lindleinsee steht unter Naturschutz.

fluss des Saubachs und des Ruhbachs bis zur Mündung in die Tauber auf drei Kilometern Länge durch ein tief eingeschnittenes Tal. Der Bachgrund ist üppig mit Buschwerk und Hecken bewachsen. Von der Blüte der Haselnusssträucher Anfang März bis zum bunten Fruchtschmuck der Pfaffenhütchen im Oktober gibt es immer etwas zu bewundern.

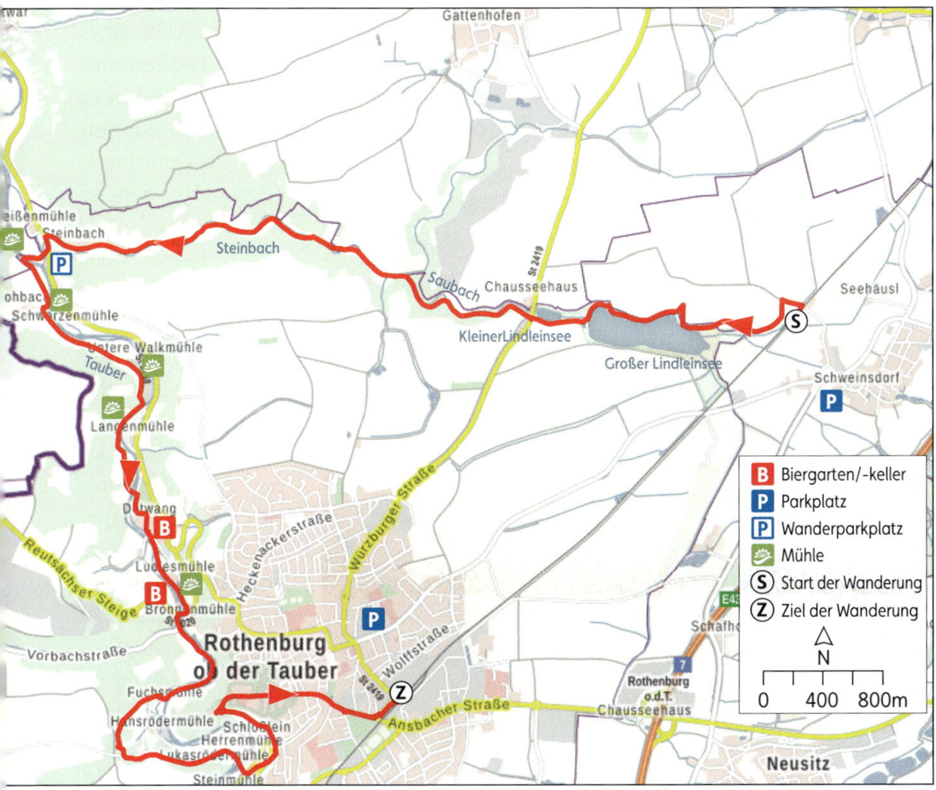

Zu Beginn der Wanderung geht es am Großen und Kleinen Lindleinsee entlang. Wir können hier zahlreiche Wasservögel beobachten, etwa Blässhühner, Fischreiher und Schwäne. Danach wird es am Saubach wildromantisch. Durch den üppigen Bewuchs und die vielen umgestürzten Bäume im Bachbett wirkt die Szenerie urwaldartig.

Im Steinbachtal wird es lieblicher. Prächtiger Laubwald wächst an den Südhängen. Teilweise sind diese vom Buschwerk freigehalten und lassen alte Steinterrassen erkennen, die auf früheren Weinbau hindeuten. Unser Weg wechselt mehrfach von einer Bachseite auf die andere. Keinerlei Straßenverkehr beeinträchtigt uns bei dem Gang durch das schöne Tal.

Beim Ort Steinbach kommen wir ins Taubertal, das landschaftlich ebenso reizvoll, aber nicht mehr ganz so ruhig ist. Jedoch verläuft unsere Route meist von der viel befahrenen Talstraße entfernt. In Detwang ist der Besuch des Riemenschneideraltars ein Muss, als Einkehr bietet sich der herrlich am Fluss gelegene Biergarten Unter den Linden an. Ehe wir Rothenburg erkunden, steigen wir noch zur ehemaligen Sprungschanze auf, um einen besonders schönen Blick auf die mittelalterliche Stadt mit ihren zahlreichen Türmen genießen zu können.

Wegbeschreibung

Vom Bahnhof Schweinsdorf gehen wir auf einem Sträßchen nach Westen, also vom Ort weg. Nach 150 m biegen wir links in einen Feldweg ab, der uns an den Großen Lindleinsee führt. Die Chancen stehen gut, dass wir ganz unterschiedliche Wasservögel beobachten können. An Einmündungen bzw. Gabelungen halten wir uns dreimal links, bleiben also in Ufernähe. Der Damm zwischen dem Großen und Kleinen Lindleinsee wird erreicht. Direkt danach biegen wir bei einem Schuppen rechts ab. Die St2419 wird überquert, 50 m später geht es leicht rechts in den Wald hinein. Wir wandern auf einem schönen schattigen Weg neben dem Saubach abwärts bis vor eine alte Steinbrücke im Steinbachtal. Hier halten wir uns links, bleiben also vorerst auf der linken Bachseite. Wir folgen dem Weg durch das idyllische Tal und überqueren dabei mehrmals den Steinbach. Die

Im idyllischen Steinbachtal.

Die evangelische Pfarrkirche in Detwang besitzt einen Altar von Riemenschneider.

vereinzelten Terrassen an den steilen Hängen zeugen vom einstigen Weinbau. Auf Asphalt wird die Ortschaft Steinbach durchquert.

Am Ortsrand von Steinbach gelangen wir ins Taubertal und an die Talstraße. Wir folgen dieser nach links und verlassen sie nach knapp 100 m wieder rechts. Eine Holzbrücke führt über die Tauber. Auf der anderen Seite geht es links auf dem Radweg weiter. Nach der Kläranlage nicht geradeaus über den Fluss, sondern rechts auf einem breiten Weg weiter. Bei einem Bolzplatz überqueren wir die Tauber und halten uns vor dem Campingplatz rechts und gelangen zur romanischen Kirche St. Peter und Paul in Detwang. Ihr bedeutendstes Kunstwerk ist der Kreuzigungsaltar von Tilman Riemenschneider. Einige Schritte später folgen wir nicht dem Straßenverlauf links zum bereits sichtbaren Gasthof Schwarzes Lamm (es sei denn wir wollen dort einkehren), sondern wählen geradeaus die Straße Kurze Steige. Nach 50 m rechts auf einen Weg neben dem Fluss. Wir gelangen an eine größere Straße.

Geradeaus vor uns liegt der lauschige Biergarten Unter den Linden im Rothenburger Ortsteil Bronnenmühle. Die Straße bringt uns nach rechts über die Tauber. Auf der anderen Seite halten wir uns links und wandern auf einem Sträßchen bis in die Einöde Fuchsmühle. Rechter Hand liegt die gleichnamige Mühle, die heute zur Stromerzeugung dient und in der sich eine Pension befindet. Linker Hand steht das Topplerschlösschen, ein markanter spätmittelalterlicher Wohnturm. Direkt nach der Mühle verlassen wir den Asphalt geradeaus auf einem ansteigenden Pfad. Nach wenigen Minuten erreichen wir eine Anhöhe, die sogenannte Engelsburg, auf der früher die Rothenburger

Rothenburg ob dem Weinberg und der Tauber.

Skisprungschanze stand, deren Form noch zu erkennen ist. Von hier oben bietet sich ein grandioser Blick auf die Stadt mit ihren zahlreichen Türmen auf der anderen Talseite.

Wir queren die Leuzenbronner Straße und steigen wieder ins Tal ab. Dort geht es auf der Doppelbrücke über die Tauber und wieder bergan. Vor dem Kobolzeller Tor halten wir uns links. Wir wandern also unterhalb der Stadtmauer und oberhalb der Rothenburger Eich. Das Erzeugnis dieses einzigen Weinbergs der Stadt kann im Weingut und Hotel Glocke probiert werden. Bald nach den Rebstöcken gehen wir scharf rechts und durch eine Pforte in den Burggarten. Wir schreiten durch das Burgtor und gelangen auf die Herrngasse. Diese führt uns an der Franziskanerkirche vorbei bis zum beeindruckenden Marktplatz in Rothenburg ob der Tauber.

Um zum Bahnhof zu gelangen, behalten wir die Richtung bei und folgen der

Das Plönlein in Rothenburg ist ein beliebtes Postkartenmotiv.

Hafengasse und der Rödergasse durch die westliche Altstadt. Diese verlassen wir durch das Rödertor. Nach 330 m auf der Ansbacher Straße bringt uns die Bahnhofstraße links zum nahen Bahnhof.

Gasthof Schwarzes Lamm

Anschrift: Detwang 21, 91541 Rothenburg ob der Tauber

Lage: Der Biergarten ist meist gut besucht. Trotz zentraler Lage im Dorf recht ruhig. Eine große Linde spendet Schatten, sonst überwiegend sonnige Plätze.

Essen und Trinken: Als Hauptgerichte werden fast nur Fleisch- und Fischgerichte wie Schnitzel, Braten, Steaks, Gulasch und Forelle angeboten. Zudem Kuchen und gefüllte Palatschinken. Biere von der Großbrauerei Tucher Bräu in Nürnberg und Fürth (Tucher, Grüner und Zirndorfer).

Telefon: 09861 6727

Internet: www.hotelschwarzeslamm.de

Unter den Linden (Bronnenmühle)

Anschrift: Kurze Steige 7 b, 91541 Rothenburg ob der Tauber (Bronnenmühle)

Lage: Der Biergarten liegt äußerst idyllisch zwischen der Tauber und den Gebäuden der Bronnenmühle. Sonnige Plätze auf der weitläufigen Wiese, Schatten unter alten Bäumen. Lässt es das Wetter nicht zu, draußen zu sitzen, lädt der beheizte Innenraum zum Verweilen ein.

Essen und Trinken: Kleine Gerichte wie Pizza, Bratwürste, belegte Brote und Salate. Verschiedene hausgemachte Kuchen. Biere von Landwehr-Bräu in Reichelshofen.

Telefon: 09861 5909

Internet: www.unter-den-linden-rothenburg.de

2

Zu Kulturdenkmälern aus römischer und karolingischer Zeit

Einkehr auf dem Wettelsheimer Keller

Treuchtlingen – Heumöderntal – Wettelsheimer Keller – Wettelsheim – Bubenheim – Karlsgraben – Graben – Soldatenfriedhof – (Villa Rustica) – Treuchtlingen

Die Region um Treuchtlingen war bereits in der Zeit um 8000 v. Chr. bewohnt. Auch keltische und germanische Besiedelung ist nachweisbar. Während der Römerzeit lag das Gebiet hinter der Grenzmauer zu Germanien, dem Limes. In Weißenburg und Ellingen bestanden römische Kastelle. Zur Versorgung der Truppen in den Kastellen gab es im Hinterland Bauernhöfe. Mehrere derartige Landgüter sind in dem Bereich am Limes gefunden und teilweise freigelegt worden, so die Villa Rustica, zu der wir gegen Ende unserer Wanderung kommen können. Auch mit Hilfe der dort aufgestellten Schautafel bekommen wir einen guten Eindruck von der Größe und Gebäudeanordnung eines solchen römischen Gutshofes in Germanien.

Weglänge: 21 km (22 km mit Villa Rustica)
Aufstieg / Abstieg: 310 hm / 310 hm
Reine Gehzeit: $5^1/_2$ Stunden
Start und Ziel: Bahnhof Treuchtlingen an den Strecken Nürnberg – Treuchtlingen – München und Würzburg – Ansbach – Treuchtlingen.
Gelände: Drei An- und Abstiege, meist wenig steil. Nur zum kleineren Teil im Wald. Einige Kilometer auf wenig befahrenen Straßen.
Empfohlene Jahreszeit: Frühjahr bis Herbst, aber nicht an zu heißen Tagen.
Karte: Naturpark Altmühltal – westlicher Teil, UK50-23, 1:50 000 von Landesamt für Digitalisierung, Breitband und Vermessung Bayern

Diese Wanderung führt nur selten durch Wald.

Der Karlsgraben ist ein kulturgeschichtlicher Höhepunkt.

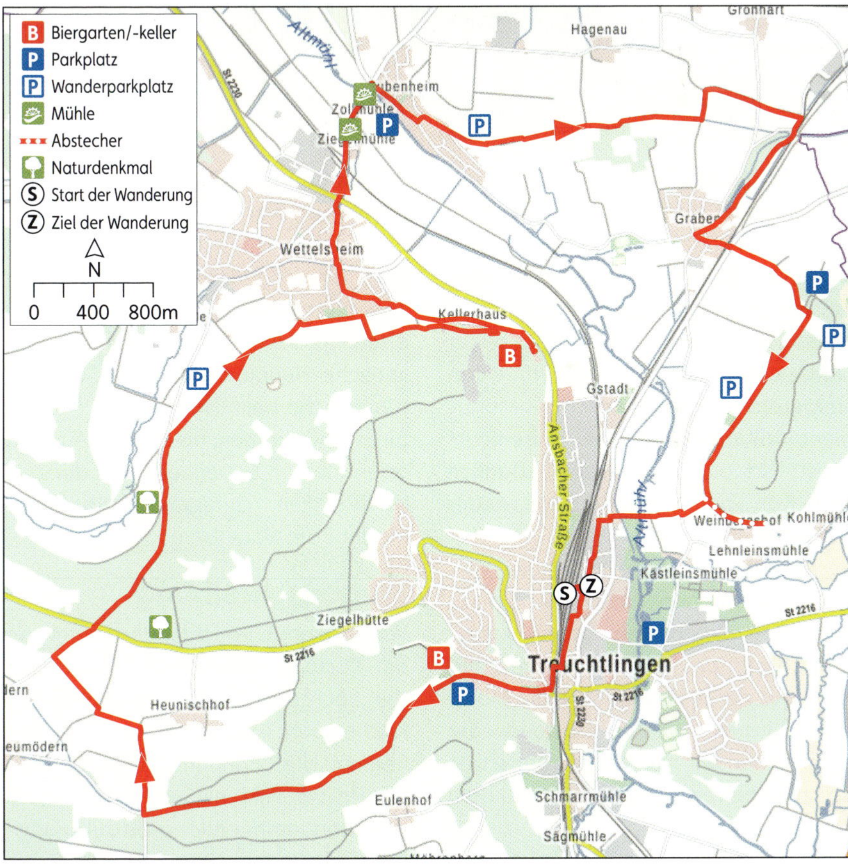

Nicht weniger interessant ist die Wegstrecke am Karlsgraben. Karl der Große versuchte hier im Jahr 793 eine schiffbare Verbindung zwischen den Flüssen Schwäbische Rezat und Altmühl und somit zwischen Main und Donau zu

Hier wird das Bier gebraut, das am Keller ausgeschenkt wird.

schaffen. Auch wenn der Kanalbau wegen des Nachstürzens der Böschungen bei starken Regenfällen, vielleicht auch wegen anderer vorrangiger Pläne des Kaisers, aufgegeben wurde, ist das unvollendete Wasserbauwerk mit seiner Länge von 1300 Metern und Breite von 30 Metern ein beeindruckendes Monument frühmittelalterlicher Ingenieurkunst. Napoleon hat den Gedanken eines Kanalbaus an dieser Stelle wieder aufgegriffen.

Verwirklicht wurde die Idee einer Verbindung zwischen Rhein und Donau erst 1846 durch den Ludwigskanal. Nachfolger des 1950 aufgelassenen Kanals ist der 1992 fertiggestellte Main-Donau-Kanal. Mit ihm entstand eine durchgehende Großschifffahrtsstraße zwischen der Nordsee und dem Schwarzen Meer.

In gewisser Weise ist auch der Wettelsheimer Keller ein Kulturdenkmal. Ein Besuch auf diesem schönen Keller mit seinem Ausblick durch alte Bäume hinab ins Altmühltal und dem süffigen Kleinbrauerbier aus dem nahen Wettelsheim bereichert unsere Wanderung sehr. Einige andere Attraktionen der Tour seien noch kurz erwähnt: Der jüdische Friedhof in Treuchtlingen, das liebliche Heumöderntal, die Schafhutungsfläche beim Heunischhof mit den alten Feldahornen, die schöne Aussicht oberhalb von Bubenheim und der zum Nachdenken anregende Soldatenfriedhof am Nagelberg.

Wegbeschreibung

Vom Bahnhof Treuchtlingen laufen wir am Postamt vorbei ortseinwärts. Bei der nächsten Straße, gegenüber der Kirche, geht es nach rechts bis zum Beginn der Bahnunterführung. Hier biegen wir links ein und marschieren am Bahndamm entlang bis zur nächsten (Fußgänger)-Unterführung, die wir durchschreiten. Nach dieser geht es auf der Straße links ein längeres Stück weiter, bis wir zu Straßeneinmündungen kommen. Wir biegen rechts in die Uhlbergstraße ab und laufen am jüdischen Friedhof vorbei zu einem Wanderparkplatz und dem Biergarten der Talstation Heumöderntal.

Wir folgen der kleinen Waldstraße mit der Markierung „MD" (Main-Donau-Weg). Auf dem Sträßchen bleiben wir für 2,3 km. Nach dem Ende des Waldes gelangen wir an eine Kreuzung, an der von links eine geteerte Straße hinkommt. Hier biegen wir nach rechts ein und steigen an schönen Bäumen vorbei zu einer Anhöhe hinauf. Wir folgen dem „MD" und weiteren Markierungen nach links bis an ein Sträßchen. Auf diesem geht es rechts weiter, nun ohne Markierungen. Bald wird eine größere Straße überquert. Wir bleiben noch für 1 km auf dem Sträßchen. Dann biegen wir nach rechts in einen Waldweg mit der weiß-rot-weißen Markierung des Frankenwegs ein. Diesem wandern wir, meist am Waldrand, bis zum Wettelsheimer Keller.

Zur Fortsetzung der Wanderung gehen wir auf der kleinen Straße, auf der wir angekommen sind, zurück und weiter bis zum Dorf Wettelsheim. In der Ortsmitte folgen wir der Straße An der Rohrach, überqueren die Bahnlinie und gehen auf einem Fuß- und Radweg bis Bubenheim. Nach der Brücke über die Altmühl schlagen wir das Sträßchen rechts in das Dorf ein (verschiedene Markierungen).

Auf dem Weg zum Wettelsbacher Keller.

2

Wer die Augen offen hält, entdeckt Interessantes am Wegesrand.

Nach der Kirche gehen wir noch gut 150 Meter weiter, biegen dann links ein und folgen einer Wohnstraße schräg den Hang hinauf. Nach der Bebauung kommt der Schlaufenweg 6 des Altmühltal-Panoramawegs dazu. Dieser führt uns 2,5 km lang zwischen Feldern und Wiesen bis zu einem Radweg. Hier gehen wir rechts in Gleisnähe zu einem einzelnen Haus. Dann geradeaus

Am Nagelberg wurde ein römischer Gutshof ausgegraben.

auf einem Fahrweg neben der Bahnlinie weiter, der wenig später auf dem Damm des Karlsgrabens verläuft. Das Dorf Graben wird erreicht (Erläuterungstafel, kleines Museum über den Karlsgraben). Wir folgen der Ortsstraße bis zur Dorfmitte. Hier biegen wir scharf links in die Nagelbergstraße ein, kommen an der Gaststätte Zum Karlsgraben vorbei, unterschreiten die Bahnlinie und überqueren eine größere Straße. Auf einem geteertem Sträßchen geht es bergan. Nach Beginn des Waldes schlagen wir rechts den Weg zum Soldatenfriedhof ein. Wir passieren den Friedhof und erreichen gut 500 m später den Waldrand mit Blick auf Treuchtlingen. Geradeaus würde man nach 350 m zum frei zugänglichen römischen Gutshof Villa Rustica gelangen. Unsere Hauptroute geht rechts auf einem abwärts führenden Steig weiter, anfangs über Stufen. Unten kommt man zu einer kleinen Teerstraße, die ein paar Meter nach rechts versetzt überquert wird. Wir wandern auf einem breiten Weg zwischen Wiesen, auf einer Holzbrücke über die Altmühl und zur Bebauung von Treuchtlingen. Eine stärker befahrene Straße wird erreicht. Wir laufen an ihr wenige Schritte nach links und biegen rechts in die nächste Seitenstraße ein. Nach einigen Treppenstufen folgen wir der Dürerstraße nach links bis zum Bahnhof Treuchtlingen.

Talstation Heumöderntal

Anschrift: Uhlbergstraße 54, 91757 Treuchtlingen
Lage: Ruhig am Waldrand gelegener, im Sommer oft viel besuchter Biergarten.
Essen und Trinken: Kleine Speisekarte mit Gerichten wie Salat mit Feta und Bratwurst mit Semmel. Auch Veganes wie Salat mit Falafel und Burger mit Pommes.
Telefon: 09142 3832
Internet: www.talstation-heumoederntal.de

Wettelsheimer Keller

Anschrift: Treuchtlinger Straße 26, 91757 Treuchtlingen (Wettelsheim)
Lage: Schön und ruhig am Hang oberhalb von Wettelsheim gelegen.
Essen und Trinken: Typisches fleischlastiges fränkisches Essen wie Schäufele, Schlachtschüssel, Haxn, Bratwürste und Brotzeiten. Süffiges Märzenbier der Brauerei Strauß aus Wettelsheim.
Telefon: 09142 7740 (Keller) oder 09142 8691 (privat)
Internet: www.wettelsheimer-keller.de

3

Von der Grafschaft Pappenheim zur Reichsstadt Weißenburg

Einkehr in drei Biergärten mit alten Bäumen

Pappenheim – Steinbrunnen – Suffersheim – Araunerskeller – Aumühlweiher – Weißenburg in Bayern

Weglänge: 20 km
Aufstieg / Abstieg: 270 hm / 260 hm
Reine Gehzeit: 5 1/4 Stunden
Start: Bahnhof Pappenheim an der Strecke Treuchtlingen – München.
Ziel: Bahnhof Weißenburg (Bay) an der Strecke Nürnberg – Treuchtlingen.
Gelände: Die beiden Anstiege sind sanft, sodass die Wanderung trotz ihrer Länge nicht zu anstrengend ist. Der Weg verläuft mehr in offenem Gelände als im Wald.
Empfohlene Jahreszeit: Ganzjährig möglich, nicht an sehr heißen Tagen. Empfehlenswert auch während der Suffersheimer Kirchweih, die um den letzten Sonntag im September (Freitag bis Montag) stattfindet.
Karte: Naturpark Altmühltal – westlicher Teil, UK50-23, 1:50 000 von Landesamt für Digitalisierung, Breitband und Vermessung Bayern
Sehenswertes:
Pappenheim: Ehemaliges Residenzstädtchen der Grafen zu Pappenheim. Auf dem Berg Burgruine aus dem 12. Jahrhundert. Nach 1500 wurde die Hauptburg mit Zwinger und Türmen versehen. In der Stadt das Alte Schloss im Renaissancestil und das Neue Schloss in klassizistischem Stil nach Plänen Leo von Klenzes (München). Evangelische Pfarrkirche mit Gräbern der Grafen zu Pappenheim. Besonders interessant ist die Galluskirche, von der Teile bis ins 9. Jahrhundert zurückreichen, mit Resten gotischer Wandmalereien und schönem Sakramentshäuschen von 1486. Großer jüdischer Friedhof mit Grabsteinen aus dem 17. und 18. Jahrhundert.

Das Wanderziel Suffersheim ist ein hübsches Juradorf.

Weißenburg: In der Nähe eines römischen Kastells (Ausgrabungen, römische Thermen, Römermuseum) ist bereits in karolingischer Zeit ein Königshof entstanden. Seit der Stauferzeit wurde die Stadt befestigt. Viele Mauern, Tore und Türme (besonders schön das Ellinger Tor) sind erhalten. Pfarrkirche St. Andreas aus der Zeit der Hochgotik mit mehreren wertvollen Altären. Man beachte auch die Achsenverschiebung des Chors. Mehrere schöne Plätze, darunter die beiden rechtwinklig zueinander stehenden Marktplätze. An deren Verbindungsstelle steht das 1476 erbaute Rathaus.

Der Marktplatz von Weißenburg.

Geografisch führt unsere Wanderung von dem Donauzufluss Altmühl zur Schwäbischen Rezat, die dem Main zufließt. Historisch gesehen kommen wir durch drei verschiedene Herrschaftsgebiete: die Grafschaft Pappenheim, die Reichsstadt Weißenburg und die Markgrafschaft Brandenburg-Ansbach. Pappenheim war eine selbständige Grafschaft. Für ihre treuen Dienste für den Kaiser wurden die Pappenheimer Dienstmannen im Jahr 1193 mit der Marschallswürde ausgestattet. Unter ihrem Schutz entstand eine der ältesten jüdischen Gemeinden Deutschlands. 1628 wurden die Pappenheimer in den Reichsgrafenstand erhoben. Sie standen, ebenso wie die Reichsstadt Weißenburg, unmittelbar unter Kaiser und Reich. Die bedrohlich auf Weißenburg herunterblickende Festung Wülzburg, in deren Gebiet wir zum Ende der Wanderung gelangen, war ein südlicher Pfeiler der Markgrafschaft Brandenburg-Ansbach. Seit 1806 sind alle Gebiete in Bayern vereinigt. Wie kompliziert die Gewaltverhältnisse im deutschen Kaiserreich bis zur Napoleonszeit waren, kann man sich heute nur schwer vorstellen. Oft gehörten sogar Höfe des gleichen Dorfs zu unterschiedlichen Herrschaftsgebieten.

Solchen Gedanken werden wir kaum nachhängen, wenn wir durch die schönen Täler des Altmühljura wandern. Gleich hinter Pappenheim geht es mehr als eine Stunde durch ein tief eingeschnittenes bewaldetes Tal. Noch mehr als im Altmühltal selbst genießen wir die Stille.

In Suffersheim, einem hübschen Ort im Schambachtal, haben wir schon mehr als die Hälfte unseres Marsches hinter uns. Die Fernsehserie Florian III wurde hier gedreht. Das Gasthaus Albrecht ist ein Wirtshaus von altem Schrot und Korn. Natürlich kann man auch draußen sitzen. Besonders hoch geht es zur Kirchweih her. Die ganze Palette was Franken an Schweinernem zu bieten hat, kann man sich dann einverleiben. Vegetarier und Veganer werden hier allerdings kaum glücklich werden.

Das nächste Tal hinter Suffersheim ist sonnig. Dort können wir einzeln stehende Bäume bewundern. An den Trockenhängen findet man im Frühjahr die guten Maipilze. Im Abstieg nach Weißenburg dürfen wir auf dem Araunerskeller rasten und rosten, denn in die sehenswerte Altstadt ist es dann nur noch eine halbe Stunde.

Am Wanderweg vor Suffersheim.

3

Wegbeschreibung

Wir schreiten aus dem Bahnhof Pappenheim hinaus und sehen ein Schild mit dem Hinweis „Fußweg zur Stadt". Auf diesem Weg unterqueren wir die Staatsstraße und folgen der schönen Baumallee bis zu den ersten Häusern von Pappenheim. Dort geradeaus, am Gasthaus Zum Lindenwirt vorbei bis zur Einmündung der Bahnhofstraße. Links befindet sich ein Aufgang zur Burgruine. Wir gehen geradeaus auf der Deisingerstraße ins Stadtzentrum. Beim Neuen Schloss überqueren wir die Altmühl und biegen nach der Brücke rechts in die Beckstraße ab. Links führt ein Fußweg zur Galluskirche. Nach diesem empfehlenswerten Abstecher folgen wir weiter der Beckstraße. Kurz vor dem Ortsende bei einer Wanderwegtafel schlagen wir den Weg im Tal halb-

Die Galluskirche in Pappenheim.

links ein, der für Autos und Motorräder gesperrt ist. Unsere Markierung ist die „6". Auf dem leicht ansteigenden Weg bleiben wir für 3 km bis zu einer Wegkreuzung, in deren Mitte zwei Bäume stehen. Die Stelle heißt Adlerfleck.

Nun wandern wir geradeaus mit der Markierung „12" weiter. Die Wegzeichen führen uns aus dem Wald hinaus, über eine Landstraße, an einen alten Steinbrunnen vorbei, ein paar Meter nach rechts versetzt über eine weitere Straße und in Waldrandnähe bis vor die Kreisstraße WUG 36. Wir folgen der Straße für 150 m nach links, überqueren sie vorsichtig und gehen weiter mit der „12" bis nach Suffersheim hinein. Die Straße Sommerleite bringt nun ohne Markierung in einer Linkskurve hinab an Kreisstraße, die den Ort durchquert. Wir folgen hier nach rechts und kommen an der Gastwirtschaft Albrecht vorbei. Bei der nächsten Gelegenheit biegen wir rechts in die Alte Dorfstraße ab. Diese verlassen wir 50 m später links in die Straße Steinriegelquelle. Ein Bach unmittelbar vor der Kirche wird erreicht. Hier wenden wir uns nach links und folgen dem Bach auf einem Pfad. Nach einem Kindergarten wird der Ort wieder auf Asphalt verlassen.

Es geht auf einem geschotterten Talweg weiter. Wir kommen an einem Wanderparkplatz vorbei und marschieren in ein Seitental hinein, das in nördliche Richtung verläuft. Auf den nächsten 2,5 km folgen wir den Schildchen des Reichsstadtwegs, der Schlau-

Wer rastet, der rostet.

3

fe 7 des Altmühltal-Panoramawegs. Im Wald wird unser Weg etwas holpriger. Wir erreichen eine breite Forststraße, an der wir uns nun ohne Markierung rechts halten. 600 m später gehen wir an einer Wegkreuzung links auf dem mit der „6" ausgezeichneten Gunthildisweg weiter. Eine Autostraße im Wald wird gekreuzt. 350 m später biegen wir rechts mit der Markierung „6" in einen Waldweg ab. Nach einem kurzen Abstieg rechts und wenig später links hinab zum bereits sicht- und hörbaren Araunerskeller.

Nach der Einkehr schreiten wir auf der Straße An den Sommerkellern talwärts. 650 m später geht es links auf einem breiten Fahrweg weiter (anfangs noch parallel zur Straße). Die Markierungen des Römerwegs führen uns am Aumühlweiher vorbei, auf die andere Seite der Bundesstraße 2, an mehreren Schulen

Gasthaus Zum Lindenwirt

Anschrift: Schützenstraße 11, 91788 Pappenheim

Lage: Trotz zentraler Lage ruhiger Biergarten gleich neben dem gepflegten Gasthaus, in dem man ebenfalls sehr angenehm sitzt.

Essen und Trinken: Hier wird Wert auf Qualität gelegt und nach Möglichkeit mit regionalen und saisonalen Lebensmitteln gekocht. Das schmeckt man nicht nur bei den Brotzeiten und den Fleischgerichten, sondern auch bei den Salaten und den rein pflanzlichen Gerichten wie Kichererbsensalat oder Zucchini-und Karottennudeln mit Avocado-Basilikumpesto.

Telefon: 09143 8373262

Internet: www.lindenwirtpappenheim.de

und der Mogetissa-Therme entlang bis zum Seeweiher am Rande der Weißenburger Altstadt. Wir betreten diese auf der Oberen Stadtmühlgasse. Nach der Stadtmauer biegen wir in die zweite Straße, die Innere Türkengasse, links ab. An deren Ende geradeaus über den Saumarkt. Rechts ginge es auf der Friedrich-Ebert-Straße zum Marktplatz, geradeaus gelangen wir auf der Bahnhofstraße in wenigen Minuten ans Ziel unserer Tour.

Gaststätte Adler (Albrecht)

Anschrift: Laubentaler Straße 23, 91781 Weißenburg in Bayern (Suffersheim)

Lage: An der wenig befahrenen Ortsstraße gelegen. Einfache Biergarnituren im Garten. Sonnige, aber auch schattige Plätze unter einer alten Linde.

Essen und Trinken: Fränkische Fleischküche. Montag bis Samstag Brotzeiten und Bratwürste. Am Sonntag zudem Schnitzel, Braten, Haxen oder Knöchle mit Kloß. Während der Kirchweih große Auswahl an Gerichten. Beliebt sind dann auch die Kirchweihküchle. Süffiges Landbier von der Brauerei Wurm aus dem nahen Bieswang. Auch Weizenbier von dort.

Telefon: 09149 345

Araunerskeller

Anschrift: An den Sommerkellern 62, 91781 Weißenburg in Bayern

Lage: Schön gelegener Bierkeller, der bereits seit 1775 besteht. Sonnige wie auch schattige Plätze unter alten Bäumen. Spielt das Wetter nicht mit, sitzt man angenehm in der angeschlossenen Waldgaststätte.

Essen und Trinken: Fränkische Brotzeiten, Vegetarisches, Schnitzel, Steaks, wechselnde Tagesgerichte, hausgemachte Kuchen. Helles und Märzen von der Brauerei Strauß in Wettelsheim, Weizen von Gutmann in Titting.

Telefon: 09141 9977005 und 0170 7754569

Internet: www.waldgaststätte-araunerskeller.de

Über Berg und Tal durch die Hersbrucker Alb

Biergarteneinkehr am Rothenberg, in Kleedorf, auf dem Michelsberg und in Hersbruck

4

Schnaittach – Festung Rothenberg – Siegersdorf – Glatzenstein – Oberkrumbach – Hopfengartenmühle – Kleedorf – Michelsberg – Hersbruck

Weglänge: 16 km
Aufstieg / Abstieg: 580 hm / 580 hm
Reine Gehzeit: 4 3/4 Stunden
Start: Bahnhof Schnaittach an der Strecke Nürnberg – Simmelsdorf – Hüttenbach.
Ziel: Bahnhof Hersbruck (rechts Pegnitz) an der Strecke Nürnberg – Cheb.
Gelände: Auf den ersten fünf Kilometer sind zwei längere Anstiege zu bewältigen. Offenes und waldiges Terrain wechseln sich ab. Die Wege sind überwiegend unbefestigt.
Empfohlene Jahreszeit: Ganzjährig möglich. Besonders schön im zeitigen Frühjahr und im späten Herbst. An heißen Sommertagen können die Anstiege an den Kräften zehren.
Karte: Nürnberger Land – Frankenalb, UK50-18, 1:50 000 von Landesamt für Digitalisierung, Breitband und Vermessung Bayern oder Naturpark Fränkische Schweiz, Blatt Süd, Nr. 53, 1:50 000 von Fritsch.
Sehenswertes:
Schnaittach: Die katholische Pfarrkirche besitzt einen Turm mit Scharwachttürmchen und einen gotischen Chor aus dem 14. Jahrhundert. Das Langhaus wurde 1933 neu gebaut. Schnaittach war seit dem späten Mittelalter eine bedeutende jüdische Gemeinde. In der ehemaligen Synagoge von 1570 ist heute ein Teil des Jüdischen Museums Franken untergebracht (www.juedisches-museum.org/dauerausstellung-schnaittach).
Festung Rothenberg: Die Burg hat eine wechselvolle Geschichte. Zuletzt bayerisch wurde sie 1703 von fränkischen Truppen völlig zerstört. Ab 1729 wurde sie in barocken Festungsformen wieder aufgebaut, ab 1838 jedoch aufgegeben. Gut erhalten sind die sechs mächtigen, dem Gelände angepassten Bastionen und ein großer Ravelin (Schanze vor der Brücke und dem Haupttor). Die Bauten innerhalb des Festungsgeländes sind größtenteils verschwunden, doch bestehen die Kasematten unter den Bastionen noch. Besichtigung nur mit Führung möglich (www.heimatverein-schnaittach.com).
Glatzenstein: Stark bewaldeter Berg (572 m) der Fränkischen Alb aus Jurakalk. Das Massiv hat eine Wandhöhe von stellenweise über 30 m und enthält 34 Kletterrouten.
Oberkrumbach: Typisch für das Dorf sind die vielen Fachwerkhäuser und Scheunen.

Hersbruck: Altertümliches Städtchen mit Stadtmauer und drei Stadttoren. Früher gehörte Hersbruck zur Reichsstadt Nürnberg. Das Schloss, eine Dreiflügelanlage mit hohen Giebeln, wurde ab 1517 errichtet. In der Stadtpfarrkirche und in der Spitalkirche befinden sich sehenswerte Altäre aus der Zeit um 1500. Interessant ist auch das Deutsche Hirtenmuseum.

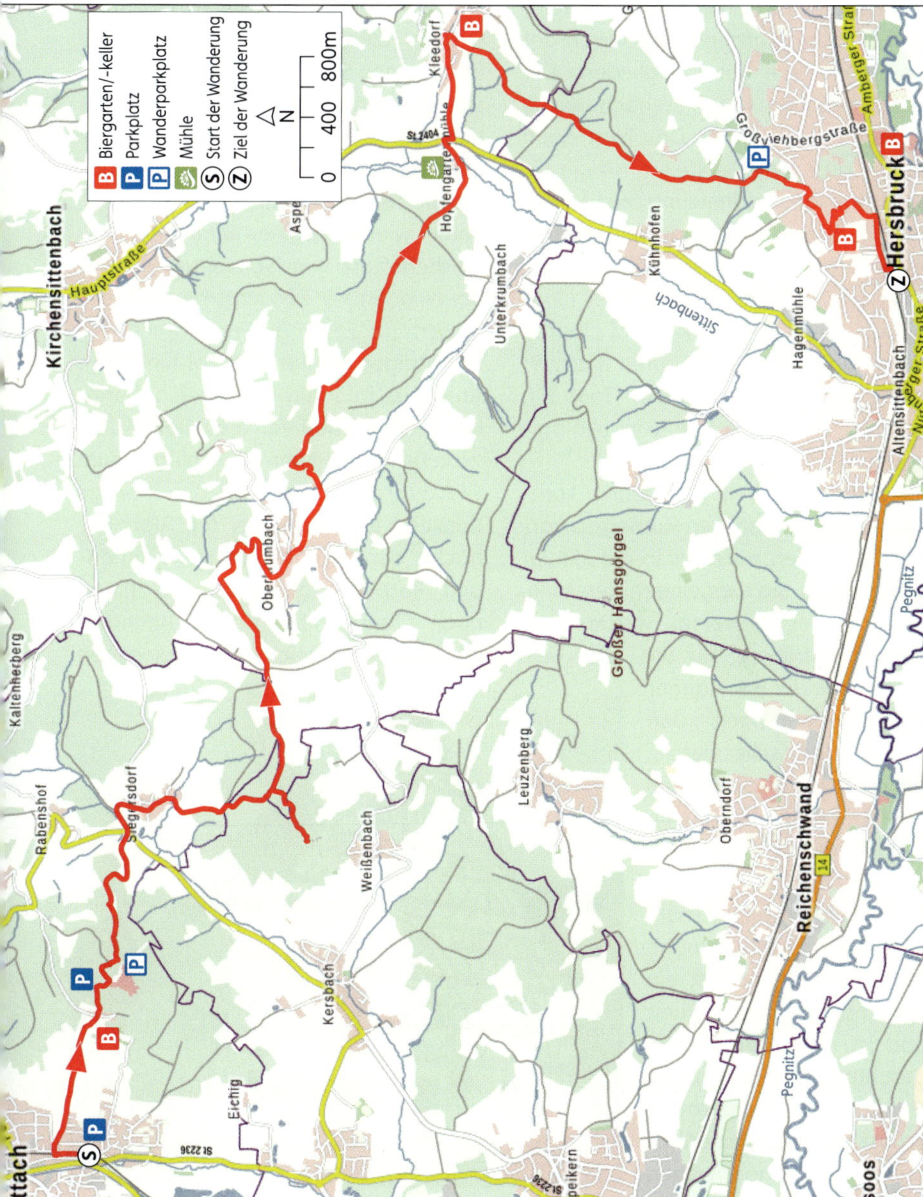

4

Mit nur wenigen Minuten Zugfahrt erreichen wir von Nürnberg aus die Hersbrucker Alb (auch Hersbrucker Schweiz genannt), die zu den schönsten Wandergebieten Frankens zählt. Die Landschaft ist durch die Höhenzüge des Fränkischen Jura, die am Rand weite Ausblicke ermöglichen, und durch tief eingeschnittene Täler gegliedert. Die Flurbereinigung hat hier noch wenig Schaden angerichtet. Das liegt auch daran, dass sich die steilen Hänge für großräumige Feldnutzung nicht eignen. Zu derartigen Landschaften zählen in Franken zum Beispiel auch die Täler und Seitentäler der Tauber (Tour 1 in diesem Buch), der Altmühl (Touren 2 und 3), der Wiesent (Touren 8 und 9) sowie der Unteren Steinach (Tour 17). Sie sind Naturreservate von ökologischem Wert.

Im Verlauf unserer Wanderung kommen wir an ehemaligen Hutangers vorbei, auf denen noch bis in die 1960er Jahre durch die Gemeindehirten Vieh, meist Rinder, geweidet wurde. Eine derartige frühere Hutung war beispielsweise der Haselanger bei Oberkrumbach, den wir an der Stelle durchqueren, wo wir die Straße nach Unterkrumbach beim Schützenhaus verlassen. Er ist inzwischen größtenteils mit Wald bewachsen. Eine mächtige Eiche nahe dem Schützenhaus ist ein Überrest der alten Hutung und ist als Naturdenkmal geschützt. Die Ortsgruppe Hersbruck des Bund Naturschutz pflegen und erhalten diese Hutanger wegen ihrer kulturhistorischen und ökologischen Bedeutung mit viel Engagement. Weiterführende Informationen gibt es unter www.hutanger.de und www.naturschutzzentrum-wengleinpark.de.

Die vorgeschlagene Wanderung verläuft überwiegend in östliche Richtung. Da die Täler der Hersbrucker Alb ihre Bäche nach Süden zur Pegnitz hin entsenden, bedeutet das für uns ein stetiges Bergauf- und Bergabgehen, zumindest bis Kleedorf. Doch auch das macht den Reiz dieser Tour aus.

Immer wieder kommen wir in neue Tallandschaften: Vom Schnaittachtal aus überwinden wir zunächst den Höhenrücken zur Festungsruine Rothenberg und steigen ins Kersbachtal hinab. Im Anschluss folgt ein besonders schönes Wegstück, fernab von jeglichem Autoverkehr. Wir steigen steil hinauf zum Glatzenstein, genießen die dortige Aussicht, wandern über die Albhochfläche durch prächtige Hainbuchen- und Rotbuchenbestände und hinab nach Oberkrumbach. Das Kirchdorf mit seinen zahlreichen hochgiebligen

Fachwerkhaus in Oberkrumbach.

Beim Anstieg zum Rothenberg können wir nach Schnaittach zurückblicken.

Fachwerkhäusern (die vom früheren Hopfenanbau zeugen) ist einer der schönsten Orte der Region. Schließlich folgt der dritte, nicht mehr so heftige An- und Abstieg, der uns hinüber ins Sittenbachtal bringt. Den Bach überschreiten wir bei der Hopfengartenmühle, deren Namen auf den früheren Hopfenanbau hinweist.

Die Einkehr haben wir uns nun redlich verdient. Im Alten Schloss in Kleedorf wird gut und möglichst mit regionalen und saisonalen Zutaten gekocht. Auch der Gasthof auf dem Michelsberg in Hersbruck ist zu empfehlen. Beide Lokale bieten deutsche und mediterrane Küche an, darunter stets mindestens ein veganes Gericht.

Die wehrhafte Festung Rothenberg.

Schöner Blick zurück nach Siegersdorf und zum Rothenberg.

Wegbeschreibung

Am Bahnhof Schnaittach halten wir uns rechts und laufen parallel zur Bahnlinie. Nach 150 m geht es rechts auf einem Übergang über das Gleis und dann auf der Bergstraße bergwärts. Die Markierungen des Frankenwegs tauchen auf, an denen wir uns bis zum Glatzenstein orientieren. Ein informativer Streuobstlehrpfad begleitet unseren Aufstieg. Es werden der Berggasthof Rothenberg, wenige später die Festung Rothenberg erreicht.

Wussten Sie, dass es über 6000 Marienkäferarten gibt?

Der Frankenweg führt uns durch Wald und Flur hinab nach Siegersdorf. Nachdem wir den Ort auf Asphalt durchschritten habe, steigen wir auf einem Fahrweg bis an den Waldrand empor. Dort geht es in den Wald hinein und auf einem schmaleren Weg steiler hinauf. Nach 400 m müssen wir aufpassen und scharf rechts abbiegen (hier kommen wir später zurück). Die Markierungen führen uns

hinauf zum Glatzenstein, einem beliebten Aussichts- und Kletterfelsen.
Wir kehren zurück an die Stelle, an der wir vorhin scharf rechts abgebogen sind. Nun behalten wir aber die Richtung bei und wandern gut 700 m ohne die Wegzeichen des Frankenwegs eben dahin. Dann kommt die Markierung „Roter Punkt" des Gottfried-Stammler-Wegs von links dazu. Sie leitet uns sicher hinab nach Oberkrumbach. Wir passieren die Kirche, das Gasthaus Schwarzes Moor und den Dorfbrunnen. Wenig später verlässt uns der „Rote Punkt".

Wir folgen der Straße Richtung Unterkrumbach und Hersbruck. 250 m nach den letzten Häusern biegen wir links in einen breiten Weg ein. Ohne Markierung geht es im Bereich einer ehemaligen Hutung über einen Bach, am Schützenhaus vorbei und in den Wald hinein. Unsere Forststraße steigt mit einer S-Kurve an. 200 m nach dem Schützenhaus biegen wir rechts in einen schmäleren Weg ab. Wir behalten die Richtung bei, bis wir auf einer Wiese eine Kreuzung erreichen. Hier gehen wir rechts in einen etwa 2,5 m breiten Weg weiter. Dieser führt uns län-

Vom Michelsberg können wir bei einem Getränk den Ausblick auf Hersbruck genießen.

4

gere Zeit durch Wald, dann hinab zur Hopfengartenmühle im Sittenbachtal. Nach der alten Mühle überqueren wir den Bach und gelangen an die Staatsstraße 2404. Wir folgen ihr rechts, verlassen sie aber gleich wieder nach links. Das Sträßchen bringt uns nach Kleedorf hinein. Das Restaurant Zum alten Schloss liegt in der Ortsmitte.

Zum Weitermarsch nach Hersbruck biegen wir schräg gegenüber vom Restaurantparkplatz in einen Weg mit verschiedenen Markierungen ein. Wir machen es uns leicht und folgen dem Fränkischen Gebirgsweg. Er führt uns zunächst 2,5 km durch den Wald, dann bei den ersten Häusern von Hersbruck noch mal in einen Rechts-Links-Schwenk 30 Höhenmeter hinauf auf den Michelsberg. Nachdem wir die Aussicht auf die Stadt und vielleicht ein Getränk genossen haben, steigen wir bis zur Gartenstraße ab, die uns rechts zum Bahnhof Hersbruck (rechts der Pegnitz) bringt.

Ein Rundgang durch die Hersbrucker Altstadt lohnt sich.

Berggasthof Rothenberg

Bemerkung: War zur Drucklegung dieses Buchs aufgrund von Personalmangel vorübergehend geschlossen.

Anschrift: Rothenberg 1, 91220 Schnaittach

Lage: Biergarten unter alten Bäumen, überwiegend schattige Plätze. Schöner Blick auf Schnaittach, nur der Parkplatz unterhalb des Gartens stört etwas.

Telefon: 09153 8480

Internet: www.berggasthof-rothenberg.de

Zum alten Schloss

Anschrift: Kleedorf 5, 91241 Kirchensittenbach

Lage: Aus einer einfachen seit 1901 bestehenden Gaststätte für Ausflügler(innen) hat sich ein stilvolles Landhotel mit Restaurant entwickelt. Schön und ruhig sitzt man auf der Terrasse, die mit Blumen üppig bepflanzt ist.

Essen und Trinken: Die abwechslungsreiche Speisekarte mit saisonalen Tagesgerichten macht Appetit. Hier trifft „ehrliche fränkische Küche" auf „italienische Leichtigkeit". Auch Veganer(innen) müssen nicht hungrig von Dannen ziehen. Biere von Veldensteiner in Neuhaus an der Pegnitz und Bürgerbräu in Hersbruck.

Telefon: 09151 8600

Internet: www.zum-alten-schloss.de

Michelsberg

Anschrift: Hans-Sachs-Ring 21, 91217 Hersbruck

Lage: Ruhige Plätze im Garten und auf der Sonnenterrasse mit tollem Ausblick auf Hersbruck und die umliegende Hügellandschaft.

Essen und Trinken: Täglich wechselnde Gerichte deutscher und mediterraner Küche. Zudem immer rein pflanzliche Gerichte wie Falafel, Champignonpfanne mit Rösti und Süßkartoffelpüree mit gebackener roter Bete. Biere von Bürgerbräu in Hersbruck.

Telefon: 09151 8178866

Internet: michelsberg-hersbruck.de

Michelmühle

Anschrift: Obermühlweg 30, 91217 Hersbruck

Lage: Hinter der eher unscheinbaren Fassade der Michelsmühle versteckt sich ein einladender Biergarten mit Plätzen an der Pegnitz. Bekannt und beliebt vor allem bei den Einheimischen.

Essen und Trinken: Schlachtplatte, Bratwürste, saure Stadtwurst, Steaks und mehr Fleischiges aus der eigenen Metzgerei.

Telefon: 09151 1500

Internet: www.michelmuehle.de

Auf dem Frankenalb-Panoramaweg

Biergarteneinkehr am Happurger Bach und im Zum stillen Bächlein

5

Happurg – Happurger See – (Hohler Fels) – Reicheneck – Kainsbach – Kainsbachtal – Hinterhaslach – Oberndorf – Kucha – Keilberg – Egensbach

Weglänge und Höhenmeter: 20 km (24 km mit Hohler Fels)

Aufstieg / Abstieg: 540 hm / 480 hm (740 hm / 680 hm mit Hohler Fels)

Reine Gehzeit: 5 3/4 Stunden (7 Stunden mit Hohler Fels)

Start: S-Bahnhof Happurg an der Strecke Bamberg – Nürnberg Hbf – Hartmannshof.

Ziel: Bushaltestelle Egensbach. Bus 335 fährt mehrmals täglich zum S-Bahnhof Henfenfeld an der Strecke Bamberg – Nürnberg Hbf – Hartmannshof. Am Wochenende verkehrt der Bus als Rufbus (Anmeldung mindestens 1 Stunde vor Fahrtantritt unter Tel. 0911 65005660 oder www.fahrtwunschzentrale.de).

Gelände: Drei (mit dem Abstecher zum Hohlen Fels sogar vier) teilweise steile An- und Abstiege. Trotzdem gut zu gehende Wanderwege und Forststraßen. In den Ortschaften meist wenig befahrene Straßen. Etwas länger im offenen Kulturland als durch Wald.

Empfohlene Jahreszeit: Ganzjährig reizvoll, jedoch nicht an zu heißen Sommertagen und bei Eisglätte zu empfehlen.

Karte: Nürnberger Land – Frankenalb, UK50-18, 1:50 000 von Landesamt für Digitalisierung, Breitband und Vermessung Bayern

Die Tour ist auch an sonnigen Wintertagen reizvoll.

Der Frankenalb-Panoramaweg ist als „Qualitätsweg Wanderbares Deutschland" prämiert und führt auf drei Etappen durch den südlichen Teil der Hersbrucker Schweiz. Auf unserer Tagestour von Happurg nach Egensbach orientieren wir uns die meiste Zeit an den Markierungen des Frankenalb-Panoramawegs („Senkrechter roten Balken auf gelbem Grund").

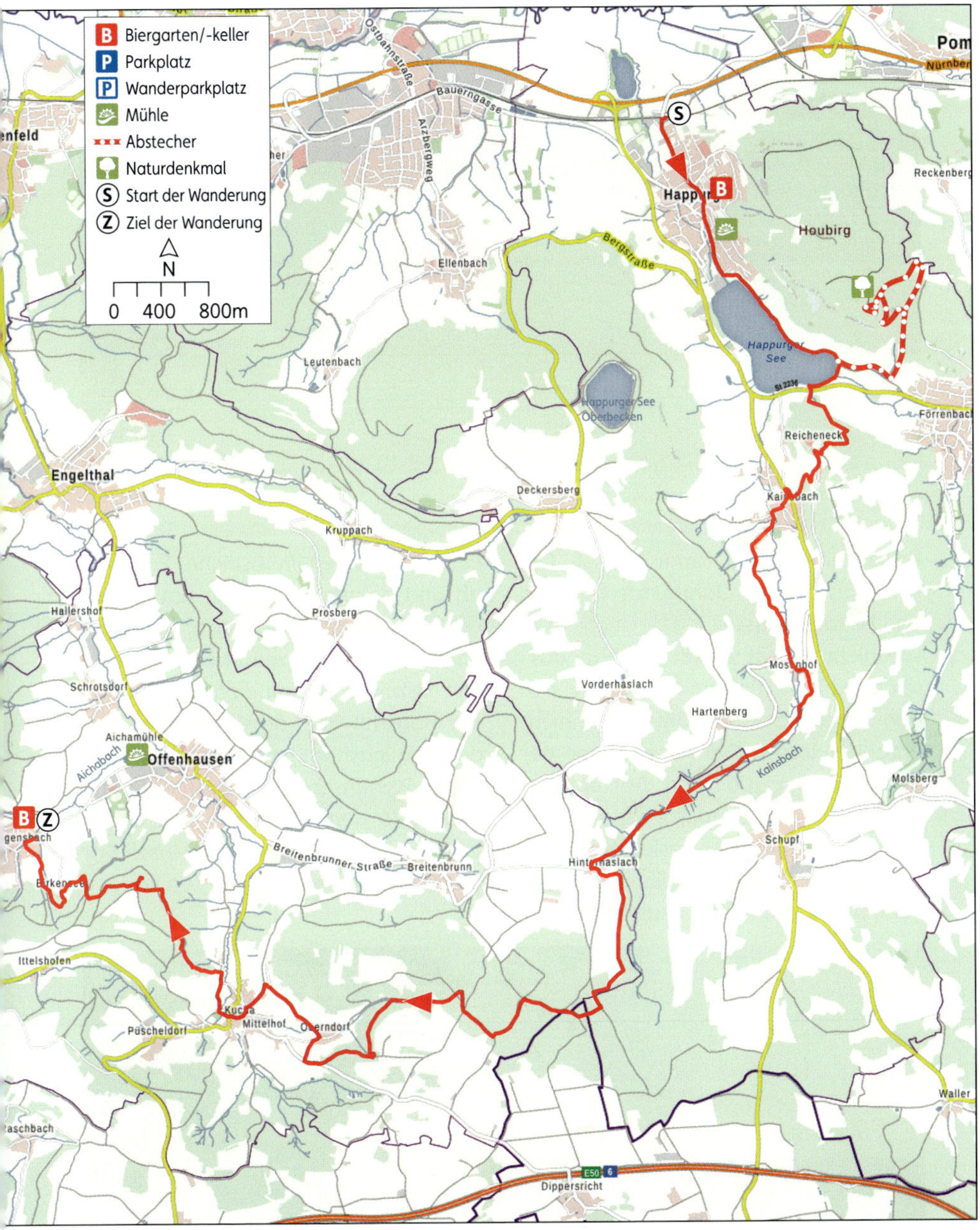

Die Route verläuft meist auf ruhigen Naturpfaden und Wanderwegen. Ständig gibt es etwas zu sehen: Den Happurger Stausee am Fuße des Hohlen Felsen, ein ehemaliges Torhaus und Mauerreste der Burg Reicheneck, das beschauliche Kainsbachtal, die Kaffeewerkstatt Kucha (Fr 15-18 Uhr und nach Vereinbarung, www.kaffeewerkstattkucha.de), die

Gleich hinter Happurg kommen wir an den Stausee.

Kapellenruine St. Ottmar und St. Ottilien aus dem 15. Jahrhundert, Fauna und Flora en masse ...
Wer nicht zu spät startet und über ausreichend Kondition verfügt, sollte sich den Abstecher zum Hohlen Fels nicht entgehen lassen. Der Ausblick von der Felswand am südlichen Absturz der Houbirg auf den Happurger See und die umliegende Mittelgebirgslandschaft ist spektakulär. Zum eigentlichen Hohlen Fels steigt man vom Aussichtspunkt ein paar Stufen in östliche Richtung ab und gelangt durch ein natürliches Felstor zu der Höhle. Bei archäologischen Ausgrabungen wurden Reste von Eiszeittieren wie dem Höhlenbär, der Höhlenhyäne, dem Wildpferd und dem Wollnashorn gefunden. Demnach gehen Wissenschaftler davon aus, dass die Höhle dem Menschen seit einem mittleren Abschnitt der Altsteinzeit vor 60.000 Jahren Schutz geboten hat.

Der anstrengende Abstecher auf den Hohlen Fels lohnt nicht nur aufgrund der Aussicht.

Der Hohle Fels bietet sich auch zum Picknicken an.

Wegbeschreibung

Am Bahnhof Happurg gehen wir auf der Hohenstädter Straße nach Süden, also in Richtung Ort. Wir orientieren uns auf den ersten 4 km an der Markierung „Rotes Kreuz". Im Ort nicht dem Straßenverlauf nach rechts folgen, sondern die Richtung beibehalten. Wir passieren die Glücksmühle mit ihrem schönen Biergarten und erreichen den Uferweg des Happurger Stausees.

Etwa an dessen südöstlichsten Punkt müssen wir uns entscheiden, ob wir uns den lohnenden, aber anstrengenden Abstecher zum Hohlen Fels zutrauen. Falls ja, verlassen wir den See geradeaus. Nach 450 m auf Asphalt geht es links auf einem Feldweg weiter. Weniger später durch Wald hinauf zu der Felswand. Wir kehren auf der selben Route zurück an den See.

Nach weiteren 350 m, am südlichen Ende des Sees gilt es aufzupassen. Das „Rote Kreuz" führt uns links auf einem Wiesenpfad vom Ufer weg, über die St2236 und auf einem breiten Weg in den Wald hinein. Nach dem KZ-Mahnmal Förrenbach geht es bergauf. Wir stoßen auf die Markierung „Senkrechter roter Balken auf gelben Grund" des Frankenalb-Panoramawegs, der wir jetzt nach rechts und auch bis ans Ziel dieser Tour folgen.

Nach dem höchsten Punkt geht es in Reicheneck auf einem Fahrweg bergab. In der ersten Kurve kann man rechts einen Blick auf das ehemalige äußere Torhaus und Mauerreste der Burg Reicheneck werfen. Bald darauf steigen wir auf einem schmäleren Weg weiter talwärts. In Kainsbach halten wir uns an der Ortsdurchgangsstraße links und bei nächster Gelegenheit wieder rechts. Am Dorfende biegen wir links in einen Feldweg ein und wandern durch

Im beschaulichen Kainsbachtal.

das idyllische Kainsbachtal nach Mosenhof. Im Weiler halten wir uns rechts und wandern weiter durch das schmäler werdende Tal. Nach einem kurzen steilen Anstieg im Wald wird Hinterhaslach erreicht.

Im Dorf gehen wir links, danach an einer Gabelung rechts und folgen einem Wiesenweg mit schönen Ausblicken auf die Hochfläche der Hinterhaslacher Heide am Waldrand entlang. Dann wird wieder der Wald betreten. Auf den folgenden gut 3 km müssen wir gut auf die Markierungen des Frankenalb-Panoramawegs achten, da wir mehrmals die Forststraße wechseln. Wir gelangen an einen asphaltierten Fahrweg, dem wir rechts abwärts folgen. An einer Straße rechts und bei der nächsten Gelegenheit abermals rechts gelangen wir nach Oberndorf hinab. Wir gehen an einer Gabelung links und nach den letzten Häusern zwischen Feldern und Streuobstwiesen mit prächtigen Ausblicken auf den Talkessel und die Hügellandschaft weiter. Ein asphaltierter Weg führt uns nach links nach Kucha hinein. Im Dorf halten wir uns links. Das Gasthaus Grüner Baum und die Kaffeewerkstatt Kucha werden passiert.

Wir überqueren eine stärker befahrene Kreisstraße und kurz danach den Hammerbach. Wer mag, kann an der Kneippanlage die müden Gliedmaßen erfrischen. Es geht rechts in Bachnähe weiter. Nach 350 m biegen wir vor einem Stall links ab. Im Wald steigen wir zunächst auf einem Weg, dann auf einer Forststraße und schließlich auf einem Pfad auf den Keilberg, 542 m, mit der Kapellenruine St. Ottmar und St. Ottilien.

Wir wandern im Wald in östliche Richtung weiter. Im Abstieg werden zwei Forststraßen überquert und der Hof Birkensee passiert. Auf einem breiten

Blick auf Kucha.

Feldweg gehen wir dem bereits sichtbaren Ziel entgegen. Wir erreichen die Bebauung und die wenig befahrene Ortsdurchgangsstraße. Rechts sind es nur noch ein paar Schritte zur Bushaltestelle in Egensbach, gut 50 m weiter befindet sich das Landgasthaus Zum stillen Bächlein.

Glücksmühle

Anschrift: Obere Mühlstraße 3, 91230 Happurg

Lage: Hübscher Biergarten direkt am rauschenden Happurger Bach. Es gibt sowohl schattige als auch sonnige Plätze. Innen sitzt man neben dem historischen Mühlrad, das sich hinter einer Scheibe dreht und dreht und dreht …

Essen und Trinken: Kleine Karten mit wechselnden Fleischgerichten wie Schnitzel mit Pommes, Schweinebraten mit Kloß oder Bratwürsten, aber auch Salat mit veganen Nuggets oder Veggie-Burger. Zudem am Wochenende Kuchen. Biere von Bub (Leinburger Bier) in Leinburg und Gutmann in Titting.

Telefon: 0151 17455408

Internet: www.gluecksmuehle.com und www.instagram.com/gluecksmuehle

Zum stillen Bächlein

Anschrift: Egensbach 8, 91238 Offenhausen

Lage: Der kleine Biergarten liegt zwischen dem Gasthaus und einer wenig befahrenen Straße. Sonnig an der Hauswand, schattig unter einer alten Linde.

Essen und Trinken: Saisonal wechselnde Karte mit typischen fränkischen Gerichten und Originellerem wie Karpfenfilet mit rotem Thai-Curry oder Fleischküchle von Reh und Wildschein. Erfreulicherweise werden auch rein pflanzliche Optionen angeboten, etwa Rigatoni mit Pilzen aus dem Egensbacher Wald oder Avocado im Chilimantel gebacken. Biere von Veldensteiner in Neuhaus an der Pegnitz.

Telefon: 09158 278

Internet: stilles-baechlein.de

Von Forchheim zum Kreuzberg im Aischgrund

Einkehrmöglichkeiten auf 7 Bierkellern

Forchheim – Burk – Willersdorf – Stiebarlimbach – Kreuzberg – Hallerndorf

6

Weglänge: 17 km
Aufstieg / Abstieg: 220 hm / 230 hm
Reine Gehzeit: 4 1/2 Stunden
Start: Bahnhof Forchheim an der Strecke Nürnberg – Bamberg.
Ziel: Bushaltestelle Sparkasse in Hallerndorf. Bus 265 fährt (teilweise als Anrufsammeltaxi) zum Bahnhof Forchheim an der Strecke Nürnberg – Bamberg.
Gelände: Meist bequem zu gehende Forststraßen und Feldwege. In den Ortschaften auch längere Asphaltpassagen. Gut die Hälfte der Wanderung verläuft im Wald.

Empfohlene Jahreszeit: Frühjahr bis zum Herbst. Besonders schön ist es auf den Kellern zur Zeit des Laubaustriebs im Frühling. Das Kreuzbergfest findet am Sonntag nach dem 3. Mai statt. In Willersdorf wird am letzten Wochenende im August Kirchweih gefeiert.
Karte: Naturpark Fränkische Schweiz – Frankenjura südlicher Teil, UK50-11, 1:50 000 von Landesamt für Digitalisierung, Breitband und Vermessung Bayern
Sehenswertes:
Forchheim: Kaiserpfalz (frühere Bischofsburg, in großen Teilen gotisch, im Inneren Museum und wertvolle Wandmalereien aus der Zeit um 1500), am Marktplatz Fachwerkhäuser und Rathaus mit Uhrtürmchen und derb humorvollen Schnitzereien, Pfarrkirche St. Martin, Alte Wache am Paradeplatz, Brücke mit Barockfiguren an der Regnitz.
Kreuzberg: Auch wenn die Wallfahrtstätigkeit heutzutage stark abgenommen hat, war der Kreuzberg bei Hallerndorf „schon immer" Ziel frommer Pilger und Pilgerinnen. Die Kreuzbergkirche wurde 1463 in gotischer Bauart anstelle einer bereits 1430 erwähnten Wallfahrtskapelle im Auftrag der Herren von Seckendorff erbaut.

Ziel dieser lohnenden Tageswanderung ist der oberfränkische Kreuzberg. Er ist nicht so bekannt wie sein Namensvetter in der Rhön. Beide Kreuzberge (es gibt noch weitere in Franken) unterscheiden sich sehr. Der Kreuzberg in der Rhön ist das Ziel großer Wallfahrten, unser Kreuzberg im Aischgrund ist heute nur noch eine Pilgerstätte von regionaler Bedeutung. Anders als in Unterfranken geht es bei dem Kirchlein bei Hallerndorf beschaulich zu. Nur zum Kreuzbergfest Anfang Mai kommen recht viele Besucher, überwiegend aus der näheren Umgebung.
Liebhaber und Liebhaberinnen des Gerstensaftes werden auf diesem Ausflug interessante Entdeckungen ma-

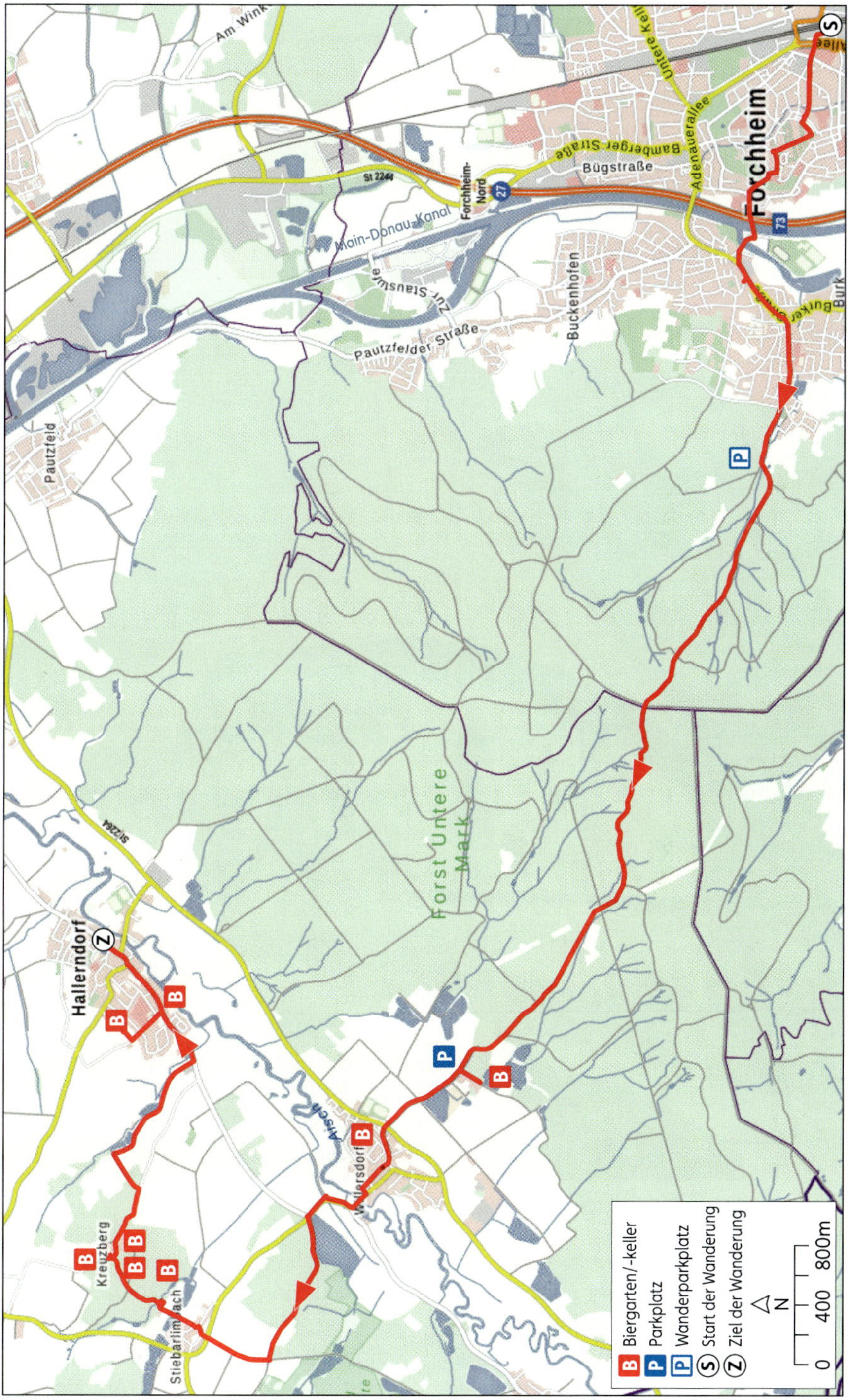
Forchheim
Bamberger Straße
Bügstraße
Adenauerallee
Forchheim-Nord
St 2244
Main-Donau-Kanal
Buckenhofen
Pautzfelder Straße
Pautzfeld
Forst Untere Mark
St2264
Hallerndorf
Aisch
Willersdorf
Kreuzberg
Biergarten/-keller
Parkplatz
Wanderparkplatz
Start der Wanderung
Ziel der Wanderung
N
0 400 800m

Die Wallfahrtskirche Heilig Kreuz auf dem Kreuzberg.

chen. Auf dem Kreuzberg haben wir bei der Einkehr die Wahl zwischen den Bieren dreier Landbrauereien. In Willersdorf und Stiebarlimbach können wir weitere Kleinstbrauereien kennenlernen. Welch eine Brauereidichte hier im südwestlichen Oberfranken!

Auf den Kellern des Kreuzbergs wird schon seit dem 18. Jahrhundert Bier gelagert und ausgeschenkt. Am Ziel von

Wallfahrten musste der Durst der Pilger, die oft von weither zu Fuß kamen, gestillt werden. Die drei Brauereien haben auf dem Berg aus dem 19. Jahrhundert stammende Kellerhäuser, die zusammen mit den Sitzplätzen im Freien unter schattenspendenden Laubbäumen einen Eindruck vermitteln, wie unsere Vorfahren gelebt und gefeiert haben.
Die Biere werden in den typischen Steinkrügen ausgeschenkt. Jede Sorte hat ihren individuellen Charakter. Von vielen anderen Bierkellern der Gegend um Bamberg unterscheiden sich die auf dem Kreuzberg dadurch, dass sie im Sommer teilweise auch unter der Woche mittags geöffnet haben. Für eine Wanderung am Wochenende bietet sich ein sonniger Tag im Frühjahr oder im Oktober an, wenn andere Keller noch oder schon geschlossen haben. Will man auch die beiden Dorfkeller in Hallerndorf besuchen, kommt nur die Zeit von Mai bis September in Betracht. Insgesamt kommen wir an sieben Kellern vorbei. Natürlich muss man nicht alle an einem Tag besuchen. Auch in umgekehrter Richtung lässt sich die Wanderung gut wiederholen.
In Sachen Kulinarik ist noch zu erwähnen, dass wir auch an einer Wirtschaft mit schönem Gastgarten vorbeikommen. Es ist der Landgasthof Rittmayer in Willersdorf (namensgleich mit Rittmayer in Hallerndorf). Dort wird gut gekocht und ein wohlschmeckendes

In Forchheims Altstadt sind viele schöne Fachwerkhäuser erhalten geblieben.

feinherbes Bier gebraut. Unsere Wanderung hat auch kulturell und landschaftlich einiges zu bieten. Sie führt uns zunächst durch die Altstadt von Forchheim, vorbei an den prächtigen Fachwerkhäusern des Rathausplatzes. Dann überqueren wir die Regnitz auf einer Steinbrücke mit barocken Heiligen. Hinter Burk erreichen wir den Staatsforst Untere Mark, der uns Schatten spendet. Jenseits des großen Waldes gelangen wir in den weiten, landwirtschaftlich geprägten Aischgrund. Die sanfte Anhöhe des Kreuzbergs ist hier schon vor uns auszumachen. Das dortige Kirchlein ist meist nicht geöffnet, der ummauerte alte Friedhof ist aber zugänglich.

Wegbeschreibung

Vor dem Bahnhof Forchheim halten wir uns kurz rechts, überqueren die große Theodor-Heuss-Allee an einer Ampelanlage, passieren die evangelische Kirche St. Johannis und folgen der Eisenbahnstraße und der Klosterstraße stadteinwärts bis zum Paradeplatz. Wir queren diesen nach links und biegen rechts in die Fußgängerzone (Hauptstraße) ab. Beim Rathaus links in die Sattlertorstraße und an der Kaiserpfalz vorbei. Die Straße führt uns in einer Linkskurve vor die Autobahn 73. Diese und der Main-Donau-Kanal werden auf einer Fußgängerbrücke überquert. Direkt danach halten wir uns rechts. Wir laufen über die alte Regnitzbrücke mit zwei schönen Barockfiguren. An der viel befahrene Kreisstraße FO 13 im Ortsteil Burk geht es links weiter. Nach 500 m bei einem Kriegerdenkmal biegen wir rechts in die Röthenstraße ab, die an einem Waldeck an einem Wanderparkplatz endet. Wir betreten geradeaus den Wald. Der breite Weg ist mit mehreren Wanderzeichen versehen. Bis zum Kreuzberg können wir uns an dem „Gelben Strich" orientie-

Im Staatsforst Untere Mark.

Barockfigur auf der Brücke über die Regnitz.

ren. 350 m nach dem Parkplatz halten wir uns links. Auf dem Forchheimer Weg, einer breiten Forststraße, wandern wir fast 5 km durch den Wald. Nach diesem geht es auf einem geteerten Sträßchen weiter. Linker Hand liegt die Kellerwaldschänke Lunz. Auf dem Sträßchen weiter geradeaus, über die Staatsstraße 2264 hinweg und nach Willersdorf hinein. Der „Gelbe Strich" führt uns am Landgasthof Rittmayer und an der Pfarrkirche St. Bartholomäus vorbei und auf einer Brücke über die Aisch. Wir folgen der Kreisstraße FO 10 für 400 m nach rechts, verlassen sie bei einem Teich wieder nach links. Es geht durch ein Wäldchen, danach durch die Flur, über die Kreisstraße und nach Stiebarlimbach hinein. Die Markierung leitet uns wieder aus dem Dorf hinaus, an Teichen vorbei und zum schön am Waldrand gelegenen Bierkeller Roppelt. Zum Kreuzberg ist es nur noch ein kurzer Aufstieg durch den Wald. Oben können wir unter

Im Aischgrund.

drei Bierkellern wählen. Der „Gelbe Strich“ endet hier.

Um nach Hallerndorf zu gelangen, begeben wir uns zum großen Biergarten vom Brauhaus am Kreuzberg und verlassen das Getümmel in östliche Richtung. Verschiedene Markierungen, zum Beispiel die des 7-Flüsse-Wanderwegs, führen uns durch das Wäldchen, dann durch die Flur und an Teichen vorbei an die Kreuzbergstraße. Dieser folgen wir links nach Hallerndorf hinein. Wer den lohnenden Abstecher zum Gartenkeller Rittmayer machen möchte, biegt links in die Schulstraße ab. Der Dorfkeller Lieberth hingegen liegt 100 m weiter rechter Hand an der Kreuzbergstraße. Wir gehen mit den Markierungen des 7-Flüsse-Wanderwegs noch mal 400 m geradeaus durch den Ort und erreichen kurz nach der Brauerei Rittmayer die Bushaltestelle an der Sparkasse.

Kellerwaldschänke Lunz

Anschrift: Willersdorf 273, 91352 Hallerndorf

Lage: Schöne, ruhige Lage. Neben dem großen Kellerhaus finden sich sonnige wie auch schattige Plätze.

Essen und Trinken: Vor allem fränkische Brotzeiten, aber auch das eine oder andere warme Gericht. Biere von der Brauerei Greif in Forchheim.

Telefon: 09195 3271

Internet: www.kellerwaldschaenke-lunz.de

Landgasthof Rittmayer

Anschrift: Willersdorf 108, 91352 Hallerndorf

Lage: Gepflegter, überwiegend schattiger Gastgarten im dörflichem Ambiente.

Essen und Trinken: Auf der umfangreichen Speisekarte finden sich vor allem Fleisch- und Fischgerichte, aber auch Pflanzliches wie Ratatouille-Gemüse in Tomatensauce mit Rosmarinkartoffeln. Ausgeschenkt wird das naturtrübe, hopfenbetonte Rittmayer Kellerbier, das heute nicht mehr im Haus, sondern nach dem original Rezept von der Brauerei Lieberth in Hallerndorf gebraut wird. Darüber hinaus gibt es die Biere der namensgleichen Brauerei Rittmayer in Hallerndorf.

Telefon: 09195 94730

Internet: www.rittmayer.com

Bierkeller Roppelt

Anschrift: Stiebarlimbach, 91352 Hallerndorf

Lage: Schöne, ruhige Waldrandlage am Fuße des Kreuzbergs. Sonnige und schattige Plätze. Hübsches Fachwerkkellerhaus.

Essen und Trinken: Kellerbrotzeiten, meist auch warmes Essen sowie hausgemachte Kuchen. Lagerbier vom Fass aus der eigenen Brauerei im Dorf.

Telefon: 09195 7263 (Gastwirtschaft)

Internet: www.brauerei-roppelt.de/bierkeller

Rittmayer Keller

Anschrift: Kreuzberg 3, 91352 Hallerndorf

Lage: Sehr ruhig, überwiegend schattig unter alten Bäumen. Der Keller besteht seit 1707, das Kellerhaus seit 1828.

Essen und Trinken: Fränkische Brotzeiten und warme Fleischgerichte, aber auch Flammkuchen und ein veganer Fitness-Salat. Die Biere stammen aus der eigenen Brauerei in Hallerndorf.

Telefon: 01515 8559325

Internet: www.rittmayerkeller.de

Kreuzbergkeller Lieberth

Anschrift: Kreuzberg 2, 91352 Hallerndorf
Lage: Schönes Flair. Ruhig, teils sonnig, teils schattig unter altem Baumbestand.
Essen und Trinken: Brotzeiten und warme Gerichte. Kaffee und Kuchen. Ausgeschenkt wird das naturtrübe Kellerbier der Brauerei Lieberth in Hallerndorf, das den Durst löscht und angenehm hopfenbitter schmeckt.
Telefon: 09545 70746
Internet: www.instagram.com/kreuzbergkellerlieberth

6

Brauhaus am Kreuzberg

Anschrift: Kreuzberg 1, 91352 Hallerndorf

Lage: Der größte und professionellste Keller auf dem Kreuzberg, der seit 1722 viel besucht wird. Sonnige Plätze wie auch Schatten unter alten Laubbäumen. Die Brauerei befindet sich ebenfalls auf dem Gelände und kann im Rahmen einer 5D-Führung mit allen Sinnen kennengelernt werden.
Essen und Trinken: Kalte und warme Speisen in großer Auswahl. Auch Pizza und Flammkuchen (mit je einer veganen Option), Torten und Kuchen. Aus den Zapfhähnen laufen acht oder mehr Biere vom Fass, darunter die Sorten Zwickelbier, Edelhopf, Schlotfegerla, Weizen und Roggenbier. Zudem prämierte Schnäpse und Liköre aus der hauseigenen Brennerei.
Telefon: 09545 4736
Internet: www.brauhaus-am-kreuzberg.de

Gartenkeller Rittmayer

Anschrift: Am Gartenkeller 2, 91352 Hallerndorf

Lage: Ruhig gelegener Bierkeller mit hübschem Steinkellerhaus. Teils schattig unter alten Bäumen auf einer erhöhten Terrasse, teils sonnig.

Essen und Trinken: Fränkische Brotzeiten und einfache warme Gerichte. Die Biere stammen von der Brauerei Rittmayer im Ort.

Telefon: 0175 8381367

Internet: rittmayer.de/gartenkeller und www.facebook.com/gartenkeller

Dorfkeller Lieberth

Anschrift: Kreuzbergstraße 17, 91352 Hallerndorf

Lage: Ruhiger Keller in dörflicher Lage. Sowohl schattige als auch sonnige Plätze. Ansehnliches Fachwerkkellerhaus. Aus dem Sandsteinkeller von 1787 wird das naturtrübe Kellerbier der Brauerei Lieberth im Ort ausgeschenkt.

Essen und Trinken: Es gibt im Wesentlichen fränkische Brotzeiten, zudem mindestens ein warmes Fleischgericht (z. B. Kümmelbraten oder Salzknöchla).

Telefon: 09545 4437373

Das besondere Thema:

Bierkeller in Franken

Nur vereinzelt treffen wir auf Bierkeller in Mittel- und Unterfranken. Das westliche Oberfranken hingegen ist Bierkellerland, zwar nicht mehr in dem Umfang wie im 19. Jahrhundert, aber immer noch in erfreulichem Ausmaß. Die Entstehung der Bierkeller ergab sich zunächst aus praktischen Bedürfnissen. Ab Beginn des 19. Jahrhunderts wurde das frühere Volksgetränk Wein mehr und mehr durch Bier ersetzt. Dies bedingte erhebliche Kapazitäten zur Lagerung der Bierfässer, wofür in den Kellern der Braustätten häufig nicht ausreichend Platz vorhanden war. Wegen der Verderblichkeit des Gerstensaftes war es nötig, für eine kühle Lagerung im Sommer zu sorgen.

Dass es im Berginneren kühl ist, war bekannt. So grub man an ausgesuchten Stellen Keller in die Erde. Besonders geeignet war hängiges Gelände, ideal war Buntsandstein, da dieser verhältnismäßig leicht zu bearbeiten ist und man im Fels auch nicht Gewölbe errichten musste. Das Hinbringen der Fässer mit Pferdewagen war mühsam genug, so dass man Möglichkeiten suchte, den Rücktransport zu vermeiden. Deswegen wurde das gewerblich gebraute Bier zunehmend „auf den Kellern" direkt ausgeschenkt. Das Nützliche hatte sich mit dem Angenehmen verbunden. Für den Brauer war es im Sommer die einfachste Art der Vermarktung und für den Bauern und Bürger ergab sich ein Feierabend- und Sonntagsvergnügen in der frischen Luft. Der Bierkellerbetreiber musste natürlich auch etwas tun, um den Besuch attraktiv zu machen. Sitzmöglichkeiten gab es anfangs auf Steinbänken in den allerdings

Bierausschank aus dem Felsenkeller.

nur etwa 8° C warmen Kellergängen. Da dies doch etwas kühl war, errichtete man im Freien Holzbänke und Tische, an denen man auch eine Brotzeit verzehren konnte. Diese brachte man mit oder erwarb man vor Ort. Pavillons zum Schutz vor Regen, manchmal auch für die Musikkapelle, wurden gebaut. Teilweise wurden über den Lagerkellern oder in ihrer Nähe Kellerhäuser aus Stein errichtet. Nicht selten entstanden Kegelbahnen, die zu längerem Verweilen einluden. Um nicht nur das Bier in den Kellern vor der Wärme zu bewahren, sondern auch die Biertrinker vor der Hitze zu schützen, wurden Bäume gepflanzt.

Auf dem Keller geht es zumeist gesellig zu.

Bierkeller wurden so zu wichtigen Orten der Geselligkeit. Die Dorfbewohner hatten ein Ziel für Unterhaltung und Informationsaustausch. Auch für die Städter wurde der Ausflug zum Keller ein Volkssport. Bamberg hatte in der Mitte des 19. Jahrhundert einen Höchststand von 63 Bierkellern. Diese waren auch damals schon das Ziel sorgfältig geplanter Wanderungen. Wir können es heute noch unseren Vorfahren nachmachen, auch wenn die Zahl der Keller viel geringer geworden ist. Die seinerzeit gepflanzten Bäumchen sehen wir heute als riesige Baumgestalten. Wir werden die alten Fachwerkkellerhäuser bewundern. Manchmal gewährt uns ein freundlicher Kellerwirt einen Blick in die alten Sandsteinkeller. Wenn das Bier am Keller noch aus der Brauerei des Dorfs stammt, können wir uns in die „gute alte Zeit" zurückversetzt fühlen.

Für Kellerneulinge sollen noch ein paar fränkische Begriffe erläutert werden: Ein „Seidla" ist ein halber Liter Bier. Ein „Schnitt" (oder „Schnittla") ist die reichlich eingeschenkte halbe Grundmenge, also bei einem „Seidla" gut 1/4 Liter. Wenn die Grundmenge eine „Maß" ist, beträgt der „Schnitt" gut einen halben Liter. Ein „Zwetschgenbaames" ist ein luftgetrockneter dünngeschnittener Rinderschinken. Der Name ist vom Zwetschgenbaum abgeleitet, dessen Holz in etwa die Farbe des Schinkens hat. Ein „Ziebeleskäs" ist eine Art würziger Hüttenkäse, nur wesentlich besser. Wenn er richtig gemacht wird, ist dies eine recht lange Prozedur, für die man Milch im Naturzustand benötigt. Und zum Abschied sagt man in Franken „ade" (mit Betonung auf der zweiten Silbe).

Der Karteltisch des Teufels, Brauereien und Miniwasserfälle

Biergärten und Brauereien in Gräfenberg, Weißenohe und Dorfhaus

Gräfenberg – Teufelstisch – Eberhardsberg – Weißenohe – Dorfhaus – Lillachtal – Lillachquelle – Sollenberg – Gräfenberg

7

Weglänge: 14 km
Aufstieg / Abstieg: 370 hm / 370 hm
Reine Gehzeit: 4 Stunden
Start und Ziel: Bahnhof Gräfenberg an der Gräfenbergbahn Nürnberg Nordost – Gräfenberg. Zum Nordostbahnhof gelangt man in wenigen Minuten mit der U-Bahn-Linie 2 ab dem Nürnberger Hauptbahnhof.
Gelände: Trotz der Kürze der Tour sehr abwechslungsreich. Waldpassagen, Bachgründe, Streuobstwiesen, Ackerland, Ortschaften. Mehrere Anstiege, die aber kommod ausfallen. Der Abstieg vom Eberhardsberg nach Weißenohe ist recht steil.
Empfohlene Jahreszeit: Zur Obstbaumblüte im April und Mai sowie im Herbst.
Karte: Naturpark Fränkische Schweiz – Frankenjura – südlicher Teil, UK50-11, 1:50 000 von Landesamt für Digitalisierung, Breitband und Vermessung Bayern
Sehenswertes:
Gräfenberg: Das früher zu Nürnberg gehörende mittelalterliche Städtchen besitzt noch drei der ehemals vier Stadttore. Schöner Marktplatz mit Brunnen und Rathaus (mit Erker und barocker Bemalung).
Weißenohe: Ehemaliges Benediktinerkloster mit Barockkirche.
Lillachtal: Reizvolles Laubwaldtal mit hochinteressanten Kalksinterstufen.

Erfrischung in der Lillach.

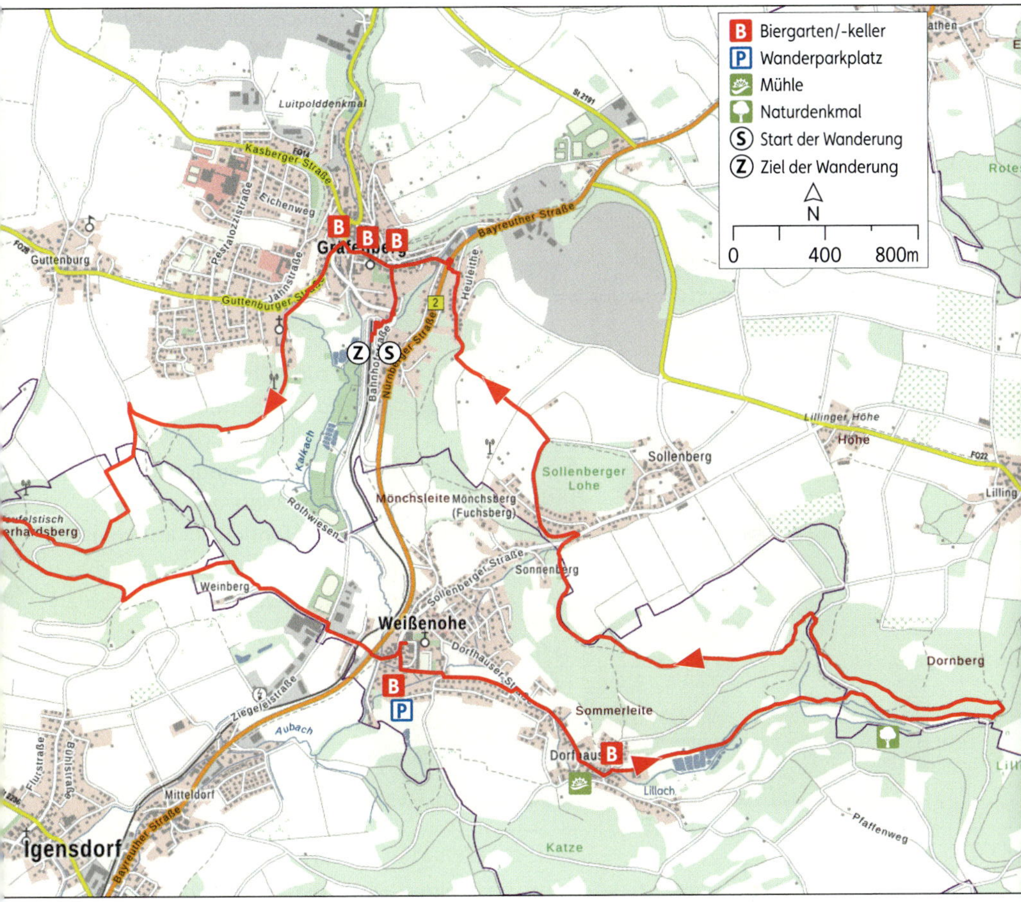

Für den Großraum Nürnberg ist die Gegend um Gräfenberg ein lohnendes, da nahes Ausflugsziel. Die über Jahre hinweg stillgelegte Bahnlinie vom Nordostbahnhof Nürnbergs nach Gräfenberg wurde wieder in Betrieb gesetzt, wird auch am Wochenende stündlich befahren und erfreut sich bei Ausflüglern, Wanderern und Radfahrern großer Beliebtheit. Auf engem Raum gibt es um Gräfenberg herum viel zu sehen. Da ist zum einen dieses Städtchen selbst zu nennen, das auf den Besucher anheimelnd wirkt, vor allem im Bereich des lang gestreckten Marktplatzes. Die Bausünden der zweiten Hälfte des 20. Jahrhunderts sind hier erfreulicherweise kaum zu finden. Es lohnt sich, den mit Informationstafeln versehenen Altstadtrundgang zu machen. Attraktiv macht Gräfenberg auch der Umstand, dass zwei Landbrauereien hier ansässig sind und gutes Bier ausschenken.

Nach Verlassen von Gräfenberg laufen wir auf angenehmen und abwechslungsreichen Pfaden zum 534 m hohen Eberhardsberg, an dem sich der sogenannte Teufelstisch befindet, ein tischförmiges Steingebilde, das durch die unregelmäßige Verwitterung des

Das Rathaus in Gräfenberg sollten wir nicht verpassen.

Hinab zur Klosterbrauerei Weißenohe führt unsere Route auch durch Obstbaumgelände. Anders als sonst heute vielfach üblich werden die Streuobstbestände (vor allem Kirschen) hier noch genutzt und der Verwertung in Igensdorf zugeführt. Insbesondere zur Blütezeit im April und Mai ist der Weg ein Augenschmaus.

Am Weg zurück nach Gräfenberg kommen wir zu einer Natursehenswürdigkeit ersten Ranges, den Sinterstufen der Lillach. Das kalkhaltige Wasser des Flüsschens hat hier auf einer Länge von mehreren hundert Metern durch Ausfällung des Kalks kleine Terrassen gebildet, über die der Bach in Miniwasserfällen hinabstürzt. Zwischen den einzelnen Stufen befinden sich flache Gumpen mit ruhigem Wasser, in denen im Frühjahr die Sumpfdotterblumen blühen.

Kalkgesteins entstanden ist. Wie uns eine Tafel dort erklärt, hat sich hier ein (beim Volk offenbar unbeliebter) Ritter von Gräfenberg mit einigen weiteren dubiosen Gefährten zum Kartenspiel getroffen. Zu später Stunde wurde die Runde durch einige Abgesandte der Hölle noch verstärkt. Die Kartler haben sich, wie das auch heute noch beim Kartenspiel vorkommen soll, durch Lärm und derbe Flüche bemerkbar und (zumindest bei der Geistlichkeit) unbeliebt gemacht. Ein frommer Mönch hat schließlich diesem ordnungswidrigen Treiben ein Ende bereitet. So können wir heute den Teufelstisch ohne Belästigungen passieren.

Wegbeschreibung

Am Bahnhof Gräfenberg wenden wir uns links dem Ort zu. Wenn die Straße nach 100 m eine Linkskurve macht, steigen wir auf einem Treppenweg hinauf zum Ortskern. Oben angelangt gehen wir nach links auf das Hiltpoltsteiner Tor zu. Vor dem Tor lädt Friedmanns Bräustüberl zu einer frühen

Auf dem Weg nach Weißenohe wandern wir durch Streuobstwiesen.

Einkehr ein, dahinter taucht gleich der Marktplatz auf.

Hier gehen wir (ggf. nach einem Stadtrundgang) weiter geradeaus und stoßen auf eine recht befahrene Straße (rechts sehen wir die Brauereigaststätte Lindenbräu). Wir laufen nach links und folgen dem Verkehrsschild der Straße bergauf in Richtung Guttenburg. Nach einigen Minuten bei einem Schild, das zur katholischen Kirche weist, biegen wir links in den Teufelstischweg ein. Die Markierungen „Grüner Ring" und „Blauer Ring" sind hier vorhanden, nach dem letzten Haus auch das Zeichen „Blauer Strich". Nach einem Ziegengehege wandern wir auf einem Schottersträßchen im Wald bergauf. Oben geht es ein kleines Stück an einer Wiese entlang und dann mit „Blaustrich" scharf nach links. Nun müssen wir aufpassen! Wo der befahrbare Weg bergab zu gehen beginnt, biegen wir rechts in einen schmalen Fußweg ein. Die Markierung „Gelber Strich" kommt zum „Blauen Strich" hinzu. Man folgt dann dem Wegweiser zum Teufelstisch, den man auf einem Fußpfad an Felsen vorbei erreicht. Kurz darauf erreichen wir den Eberhardsberg, auf dem ein Tisch und Bänke zu einer Rast einladen.

Anschließend laufen wir 100 m leicht bergab und erreichen ein Waldsträßchen. Diesem folgen wir scharf links. Wenn das Sträßchen aus dem Wald tritt und eine weite Kurve nach rechts macht, biegen wir im Kurvenknick in den unmarkierten Weg nach links ein. Dieser führt nach gut 100 m in den Wald. Wir orientieren uns aber am Waldrand und laufen über eine Obstbaumwiese (schöner Blick auf Weißenohe) bis zu einem Zaun und einem Weg. Diesen folgen wir bergab Richtung Weißenohe. Nach dem Fußballplatz gelangen wir auf der Bahnhofsstraße bis zur Bundesstraße 2. Wir überqueren diese und gehen in den Ort hinein.

7

Der Karteltisch des Teufels.

Bald kommt man zu einer Gabelung mit platzartiger Erweiterung (links sind es nur noch wenige Schritte zum Wirtshaus Klosterbrauerei Weißenohe). Hier halten wir uns rechts. Kurz darauf schwenkt unsere Straße rechtwinklig nach links und führt eine längere Strecke geradeaus. Am Ende des Ortes wird die Lillach erreicht, über die es mit einer Rechtskurve hinweggeht. Wir folgen nun der wenig befahrenen Straße, die uns nach Dorfhaus bringt. Wir kommen beim Gasthaus zum Lillachtal vorbei. Anschießend folgen wir den Markierungen „Gelber Strich" und „Frankenweg" sowie den Wegweisern in Richtung Lillachquelle. Nach etwa 10 Minuten werden die ersten Sinterstufen erreicht (verschiedene lesenswerte Erläuterungstafeln). Wir bleiben im schönen Talgrund, immer unweit des Baches, kommen bei weiteren Sinterstufen vorbei und erreichen die Lillachquelle.

Hier folgen wir dem Wanderweg mit den Markierungen „Blauer Punkt". Er führt uns kurz bergan und dann nach links. Es geht oberhalb des Lillachtals durch Wald. An einer Forststraße halten wir uns rechts. 150 m später verlassen

Kloster Weißenohe.

wir sie nach links. Nach dem Wald geht es längere Zeit an dessen Rand entlang. Man kommt später hinunter zu einer von Weißenohe kommenden Teerstraße und geht auf dieser für etwa 50 m nach rechts bergauf. Dann biegen wir nach links in eine Wohnsiedlung im Ortsteil Sollenberg ein. Der „Blaue Punkt" ist noch vorhanden. Wenn der Weg mit dem „Blauen Punkt" die Wohnbebauung hinter sich lässt und bergab führt, verlassen wir diesen und laufen rechts auf der Straße weiter. Nach dem Ende der Bebauung wandern wir geradeaus auf einem Sträßchen am Waldrand entlang. Am Ende des Wäldchens bei einer Gabelung gehen wir links und laufen auf befestigtem Weg bis zu den ersten Häusern von Gräfenberg. Der Wohnstraße folgen wir geradeaus bergab. Ziemlich unten, etwa 150 m vor Bundesstraße wenden wir uns nach links und folgen einem Treppenweg hinunter zur B 2, die vorsichtig überquert wird.

Weiter geradeaus kommen wir an der Brauerei Friedmann vorbei (direkt danach führt rechts ein Treppenweg zum Biergarten zum Bergschlösschen hinauf) und gelangen ins Ortszentrum von Gräfenberg. Von hier kehren wir auf bereits bekannter Route zurück zum Bahnhof.

Im Gasthaus zum Lillachtal gibt's auch rein pflanzliche Speisen.

Naturdenkmal Sinterterrassen im Lillachtal.

Friedmanns Bräustüberl

Anschrift: Bayreuther Straße 14, 91322 Gräfenberg

Lage: Brauereigaststätte mit sehr uriger Wirtsstube, in die man einen Blick werfen sollte. Die Freiplätze vor dem Haus sind nah an der Straße.

Essen und Trinken: Gutbürgerliche Küche aus möglichst heimischen Produkten. Das Landbier ist würzig und durstlöschend. Sehr beliebt sind auch das Pils sowie das unfiltrierte Sigi's Lager.

Telefon: 09192 992318

Internet: www.friedmanns-braeustueberl.de und www.brauerei-friedmann.de

7

Brauereigaststätte Lindenbräu

Anschrift: Am Bach 3, 91322 Gräfenberg

Lage: Die Plätze im Hof sind leider wenig begrünt und vom Straßenlärm beeinträchtigt.

Essen und Trinken: Zu Essen gibt es Brotzeiten, Bratwürste (auch vegane), Schnitzel (auch Gemüseschnitzel), Cordon Bleu, am Wochenende meist weitere warme Gerichten wie Schäufele oder Sauerbraten. Die Biere stammen aus der eigenen Brauerei. Das Vollbier erfreut sich allgemeiner Beliebtheit. Es werden zudem Weizen, Pilsener und Leichtbier ausgeschenkt.

Telefon: 09192 348

Internet: www.lindenbraeu.de

Biergarten zum Bergschlösschen

Anschrift: Am Michelsberg 36, 91322 Gräfenberg

Lage: Von der Lage her die beste Option in Gräfenberg. Wunderschöne Aussicht auf das Städtchen, die grüne Umgebung und bis nach Nürnberg.

Essen und Trinken: Fränkische Brotzeiten. Biere von der Brauerei Friedmann unten im Ort.

Telefon: 0162 5890690

Internet: www.facebook.com/BiergartenzumBergschloesschen

Wirtshaus Klosterbrauerei Weißenohe

Anschrift: Klosterstraße 20, 91367 Weißenohe

Lage: Die Brauerei wird in der fünften Generation von der Familie Winkler geführt, die im Jahr 2000 auch den Gaststättenbetrieb nach 57 Jahren Pause wieder in Betrieb genommen hat. Man sitzt in den gemütlichen Gasträumen oder im ruhigen schattigen Biergarten im Innenhof des ehemaligen Klosters.

Essen und Trinken: Auf den Teller kommen Brotzeiten, fränkische Spezialitäten, Fisch- und Wildgerichte sowie weitere Saisongerichte. Biere von der eigenen Brauerei und von Kapuziner in Kulmbach.

Telefon: 0176 10301489

Internet: wirtshaus-weissenohe.business.site

Gasthaus zum Lillachtal

Anschrift: Dorfhauser Straße 69, 91367 Weißenohe (Dorfhaus)

Lage: Das Wirtshaus liegt im Weißenoher Ortsteil Dorfhaus, dem Tor zu den bekannten Sinterterrassen. Ruhige Außenplätze in der Sonne und im Schatten.

Essen und Trinken: Serviert werden fränkische Fleisch- und Fischgerichte, hausgemachte Flammkuchen aus dem Steinofen und wechselnde vegane Gerichte wie Linseneintopf und karamellisierte Sellerie-Steaks mit Wedges. Auch Kaffee und hausgebackene Kuchen stehen auf der Karte. Die Biere stammen von der Klosterbrauerei Weißenohe und von Veldensteiner in Neuhaus an der Pegnitz. Auf dem Hof befindet sich außerdem die „Kleine Dorfnascherei", in der Marmeladen, Sirup, Gebäck und mehr aus eigener Herstellung verkauft werden.

Telefon: 09192 8404

Internet: www.zum-lillachtal.de

Blütenwanderung zum Walberla und nach Pretzfeld

5 mal einkehren auf 18 Kilometern

Wiesenthau – Walberla – Rodenstein – Schlaifhausen – Leutenbach – Hetzelsdorf – Poppendorf – Hagenbach – Pretzfeld

8

Weglänge: 18 km
Aufstieg / Abstieg: 540 hm / 530 hm
Reine Gehzeit: 5 1/4 Stunden
Start: Bahnhof Wiesenthau an der Strecke Forchheim – Ebermannstadt.
Ziel: Bahnhof Pretzfeld an der Strecke Forchheim – Ebermannstadt.
Gelände: Es geht meist durch Streuobstwiesen und Kulturland. Nur ein Viertel der Strecke verläuft im Wald. Die Länge der Tour und die Anstiege zum Walberla (über 200 m Höhenunterschied) und zur Hetzelsdorfer Höhe (knapp 200 m Anstieg) erfordern etwas Kondition.
Empfohlene Jahreszeit: Im April und Mai zur Zeit der Obstbaumblüte, aber wegen der Felsflora am Walberla und Rodenstein auch im Sommer an nicht zu heißen Tagen.
Karte: Naturpark Fränkische Schweiz – Frankenjura südlicher Teil, UK50-11, 1:50 000 von Landesamt für Digitalisierung, Breitband und Vermessung Bayern
Sehenswertes:
Wiesenthau: Das Schloss ist eine wehrhafte Dreiflügelanlage aus dem 16. Jahrhundert mit hübschen Rundtürmen. In der Kirche Renaissancegrabmäler.
Ehrenbürg: Markanter, der Fränkischen Schweiz vorgelagerter Zeugenberg mit prächtigen Ausblicken. Auf dem nördlichen Gipfel, dem Walberla, steht die Walburgis-Kapelle aus dem 17. Jahrhundert. Der südliche Gipfel mit dem großen Gipfelkeuz heißt Rodenstein.

Schloss in Wiesenthau.

Dieser Ausflug führt in großen Teilen durch Streuobstgelände in der Nähe des Wiesenttals, im Ehrenbachtal und im Trubachtal. Die Süd- und Westhänge am Walberla sind Ende April bis Anfang Mai ein einziges Blütenmeer von Apfel- und Birnbäumen. Daneben

gibt es die schon früher blühenden Kirschen, die vor allem um Hetzelsdorf und dem für seine Kirschen berühmten Pretzfeld die Szenerie beherrschen. Eine Wanderung zu dieser Jahreszeit ist ein Genuss.

Am ersten Wochenende im Mai findet seit 1909 auf der Ehrenbürg (so der offizielle Name des Bergs mit den bei-

Bronzefigur der Heiligen Walburga auf dem Walberla.

Zur Obstbaumblüte ist diese Wanderung unvergesslich.

den Gipfeln Walberla und Rodenstein) das Walberlafest statt. Wallfahrten und Kirchenfeste sind auf dem Bergplateau schon seit dem 9. Jahrhundert bezeugt. Früher wie heute bekommt man dann auch zu essen und zu trinken. Menschen, die das Gehen verlernt haben, versuchen mit ihren Autos so nah wie möglich an den Gipfel heranzufahren. Ob man an einem solchen Tag die Wanderung unternehmen möchte, muss gut überlegt sein.

An anderen Tagen geht es auf dem Berg beschaulicher zu, auch wenn er für die Bewohner Frankens, vor allem aus Forchheim und den umliegenden Dörfern, schon immer ein Anziehungspunkt war. (Prä)historische Besiedlungen – teils auch mit Befestigungen – konnten durch Funde von der Mittelsteinzeit (9500 bis 5500 v. Chr.) bis in die Völkerwanderungszeit (375 bis 568) nachgewiesen werden. Dies verwundert nicht, denn die Ehrenbürg ragt mit ihren beiden Gipfeln Walberla und Rodenstein wie ein Bollwerk aus dem Vorland heraus. Die Aussicht ins Wiesenttal, ins Regnitztal und in die Fränkische Schweiz ist erwartungsgemäß ausgezeichnet. Man denkt an andere Aussichtswarten am Rand des Fränkischen Jura, wie den Staffelberg und den Kordigast, die beide auch in diesem Buch beschrieben sind. An klaren Tagen kann man die Domtürme von Bamberg und den Fernsehturm von Nürnberg sehen.

1978 wurde die Ehrenbürg zum Naturschutzgebiet erklärt. Das war notwendig, um nicht nur die spitzen Schwammkalkriffe zu schützen, sondern auch um die wertvolle Vegetation zu erhalten. Während des Walberlafests wird sie gleichwohl geschädigt. Auf dem Berg wächst beispielsweise das äußerst seltene Fränkische Habichtskraut, insgesamt finden sich 600 verschiedene Arten von Farn- und Blütenpflanzen. Zwischen dem Walberla und dem Trubachtal existieren noch mehrere Kleinstbrauereien. Alle brauen entsprechend der oberfränkischen Tradition ein dunkles Bier, jedes in seiner Art charaktervoll. Verglichen mit dem Einheitsgeschmack der Biere der meisten Großbrauereien wird uns hier noch echter Genuss zuteil. Die Brauereien Alt in Dietzhof und Meister in Unterzaunsbach liegen nicht direkt an der Route, könnten mit Umwegen von je rund 2 km besucht werden. In Leutenbach kommen wir an der Brauereigaststätte Drummer vorbei. Das Bier dort ist wohlschmeckend, das Essen deftig. In Hetzelsdorf bei der Brauerei Penning-Zeißler sitzen wir zwar auf einer Terrasse, aber umgeben von Büschen, einer Kastanie und einer Linde. Das Bier ist bräunlich-rot und angenehm herb bei gleichzeitig dezentem Malzton. Am Ende der Tour können wir noch die Erzeugnisse der Brauerei Nikl probieren, entweder im Hof des Betriebs oder auf dem schön gelegenen Pretzfelder Keller.

Sonnenuntergang am Rodenstein.

Wegbeschreibung

Am Bahnhof Wiesenthau folgen wir 150 m der Straße nach Ebermannstadt. Wir überqueren sie bei einer Fußgängerinsel und biegen rechts in die Weiherstraße ein. Diese macht bei einem Teich eine Kurve nach links. Bei der Kirche erreichen wir die Hauptstraße in Wiesenthau. Hier gehen wir nach links, bei der nächsten Gelegenheit rechts in die Ehrenbürgstraße. Am Ende der Straße wandern wir kurz hinab, dann auf einem bald grasbewachsenen Weg bergan. Nach einigen Minuten wird ein breiterer Querweg erreicht, dem wir rechts folgen. Nach 250 m geht es links auf einem Wiesenpfad weiter bergan. Dieser mündet in einen weiteren Querweg. Hier laufen wir nach links, gut 100 m später biegen wir rechts in einen Pfad ab. Dieser führt hinauf in den Sattel zwischen Walberla und Rodenstein, den beiden Gipfeln der Ehrenbürg. Wir steigen links über Wiesen zum Walberla und der bereits sichtbaren Walburgiskapelle empor, kehren danach wir auf derselben Route zum Sattel zurück.

Die Richtung beibehaltend wird nach kurzem Anstieg das Gipfelkreuz des Rodensteins erreicht. Dann geht es auf einem steilen steinigen Fußweg beständig bergab. Wir erreichen kurz vor Schlaifhausen einen kleinen Platz mit Parkmöglichkeit und mehreren Wandertafeln. Wer im Gasthof Ehrenbürg einkehren möchte, folgt rechts dem ein. In der Ortsmitte wählen wir geradeaus die Dorfstraße Richtung Kirchehrenbach. Keine 150 m später stehen wir vor dem Brauerei-Gasthof Drummer.

Wir kehren zur Ortsmitte zurück und folgen dort der St.-Moritz-Straße nach links. Keine 100 m später verlassen wir sie geradeaus auf die wenig befahrene Straße Am Pfarrgarten. Nach der Bebauung geht es links auf einem Feldweg weiter, nun wieder mit der Markierung „Gelbes Kreuz". Wir wandern zunächst mit prächtigem Blick zurück auf die Ehrenbürg und das Ehrenbachtal, dann im Wald empor. Die hübschen Sinterstufen des Moritzbachs werden passiert. An deren oberen Ende führt uns die Markierung links zur Wallfahrtskirche St. Moritz.

Rast kurz vor Leutenbach.

Sträßchen für 200 m. Die Hauptroute hingegen führt uns links mit der Markierung „Gelbes Kreuz" zunächst in ein Wäldchen, dann über Streuobstwiesen hinab an die Staatsstraße 2242. Diese bringt uns links nach Leutenbach hin-

Wir überqueren die Staatsstraße 2242, steigen nun mit der Markierung „Grüner Schrägstrich" zunächst auf Stufen, dann rechts auf einem Waldweg weiter. Für knapp 1 km wird die Richtung beibehalten. Dann führen uns die

Blick vom Rodenstein aufs Walberla.

Wegzeichen nach links. Nach weiteren 750 m verlässt uns der grüne Schrägstrich. Wir gehen geradeaus durch ein kurzes Waldstück, behalten danach noch für 750 m die Richtung bei, ehe wir rechts dem breiten Fahrweg mit der Markierung „rotes liegendes Kreuz" nach Hetzelsdorf folgen. An der Ortsdurchgangsstraße halten wir uns links. Die Kirche und die Brauerei Penning Zeißler werden erreicht.

Gleich unterhalb der Brauerei führt rechts ein Sträßchen zum Friedhof. Hier gehen wir weiter. Unsere neue Markierung ist der „Grüne Punkt". Am Ende des Sträßchens, kurz vor dem Friedhof, wandern wir links auf einem grasigen Weg in den Wald hinein. Bei einem Felsen mit Kellern gelangen wir an die Straße nach Hagenbach, der wir nur kurz bis zum Waldende folgen. Dort biegen wir links in einen Feldweg ab. Dieser und der grüne Punkt bringen uns nach Poppendorf. Im Ort rechts zum Gemeindehaus und und zum Brunnen hinunter. An der Ortsdurchgangsstraße halten wir uns links, verlassen diese nach wenigen Schritten wieder links. Weiter mit der Markierung geht es in die Flur hinaus. Bei den ersten Häusern von Hagenbach auf einer Straße nach rechts bis zur Ortsdurchgangsstraße. Dieser folgen wir nach links.

Am Ortsende, direkt vor einer Brücke über die Trubach, biegen wir links in eine weniger befahrene Straße ab.

Nach den letzten Häusern geht der Asphalt in Schotter über. Einige Minute später wird ein Spielplatz und eine Wegkreuzung erreicht. Wir wenden uns hier nach rechts. In Pretzfeld führt uns die Brunnenstraße an die Schulstraße. Auf dieser und der Hauptstraße gelangen wir ins Ortszentrum und zur Pfarrkirche St. Kilian. Dort haben wir drei Optionen. Rechts sind es auf der Egglofsteiner Straße 150 m zum Brauereigasthof Nikl. Wer zum schön und ruhig gelegenen Pretzfelder Keller möchte, wählt geradeaus die Straße Richtung Ebermannstadt. Um zum Bahnhof zu gelangen, gehen wir links direkt an der Kirche vorbei, danach geradeaus auf der Straße Schloßberg und schließlich auf der Bahnhofstraße zum Tourenziel.

8

Ehrenbürg

Anschrift: Schlaifhausen 68, 91369 Wiesenthau

Lage: Der Terrassengarten ist mit Stühlen und Tischen aus Massivholz und großen Sonnenschirmen ausgestattet und bietet einen hübschen Ausblick auf die grüne Hügellandschaft.

Essen und Trinken: Die Speisekarte ist umfangreich und enthält außer fränkischen Klassikern auch Saisonales (Spargel, Pilze), Fischgerichte, Vegetarisches und Veganes. Biere von Tucher in Nürnberg/Fürth und Gutmann in Titting.

Telefon: 09199 696930

Internet: www.ehrenbuerg.com

Brauerei-Gasthof Drummer

Anschrift: Dorfstraße 10, 91359 Leutenbach

Lage: Das stattliche Gasthaus besitzt zwei Außenbereiche. An der gepflasterten Terrasse wird bedient. Weiter hinten findet man den eigentlichen Biergarten mit Tischen, Bänken und Baumschatten. Der Boden ist hier vorbildlich mit Kies belegt. In diesem Bereich ist Selbstbedienung.

Essen und Trinken: An Werktagen bekommt man Brotzeiten und Bratwürste. An Freitagen und Samstagen oft auch Bohnakern (dicke Bohnen, geräuchertes Bauchfleisch und Kloß). Am Sonntag Braten, Forellen oder Karpfen. Zuweilen hausgemachte Kuchen und Torten. Die Biere (Hell, Weizen und ein süffiges Dunkel) sind selbst gebraut.

Telefon: 09199 403

Internet: www.brauerei-gasthof-drummer.de

Brauerei Penning Zeißler

Anschrift: Hetzelsdorf 9, 91362 Pretzfeld

Lage: Nahe der wenig befahrenen Ortsstraße. Gepflasterte Terrasse mit Tischen und Stühlen, im rückwärtigen Bereich auch Biergarnituren. Begrünung durch Rosen, Büsche, eine große Kastanie und eine Linde. Sonnige und schattige Plätze.

Essen und Trinken: Die Wirtschaft war zur Drucklegung dieser Auflage (Herbst 2023) geschlossen. Bis zur Wiedereröffnung stehen das berühmte Vollbier der Brauerei sowie weitere Getränke in einem Kühlschrank zur Selbstbedienung bereit.

Telefon: 09194 252

Gaststätte Nikl-Bräu

Anschrift: Egloffsteiner Straße 19, 91362 Pretzfeld

Lage: Die „kleinste Handwerksbrauerei in der Fränkischen Schweiz" existiert seit Oktober 2008. Gebraut wird im ehemaligen Schweinestall, die Gasträume befinden sich im ehemaligen Kuhstall. Im Hof gibt es Plätze in der Sonne und im Schatten.

Essen und Trinken: Brotzeiten, warme Gerichte und Spezialitäten wie Schäufele in Dunkelbiersoße oder Biergulasch. Auch Vegetarier und Veganer müssen nicht verhungern. Ausgeschenkt werden ein helles Lagerbier, ein dunkles Kellerbier und ein Weizen – allesamt vom Fass und aus er eigenen Brauerei.

Telefon: 09194 725025

Internet: www.brauerei-nikl.de

Pretzfelder Keller

Anschrift: 91362 Pretzfeld, an der St 2260 nach Ebermannstadt

Lage: Am Kellerberg, etwa 20 Minuten von der Ortsmitte entfernt. Man sitzt hier ruhig an Tischen und Bänken mit Lehnen und genießt den Blick zum Walberla und ins Wiesenttal. Am Berg verstreut liegen zahlreiche alte Bierkeller, bei denen im Juli das Kirschenfest stattfindet.

Essen und Trinken: Neben den auf fränkischen Bierkellern üblichen Brotzeiten und Fleischgerichten gibt es auch rein pflanzliche Speisen wie Linseneintopf. Ausgeschenkt werden die Biere der Brauerei Nikl aus dem Ort.

Telefon: 09194 725025 (Nikl-Bräu)

Internet: www.pretzfelderkeller.de

9

Im Herzen der Fränkischen Schweiz

5 (Bier)gärten auf 14 Kilometern

Behringersmühle – Forsthaus Schweigelberg – Weiße Marter – Köttweinsdorf – Riesenburg – Engelhardsberg – Adlerstein – Quackenschloss – Oswaldhöhle – Muggendorf

Weglänge: 14 km
Aufstieg / Abstieg: 500 hm / 520 hm
Reine Gehzeit: 4 1/4 Stunden
Start: Bushaltestelle Hotel Behringers in Behringersmühle an der Buslinie 389 Pegnitz Bahnhof – Ebermannstadt Bahnhof.
Ziel: Bushaltestelle Forchheimer Straße in Muggendorf an der Buslinie 389 Pegnitz Bahnhof – Ebermannstadt Bahnhof.

Diese Wanderung in der Fränkischen Schweiz ist zu allen Jahreszeiten lohnend. Doch wenn wir uns im Mai auf den Weg machen, haben wir doppelten Genuss: Zum einen sind die Buchenwälder zur Zeit des Laubaustriebs besonders lieblich, zum anderen ist es im Mai im Maihof in Köttweinsdorf und in der Raststation in Engelhardsberg am schönsten. Wir sitzen dann nämlich auf Wiesen mit blühenden Obstbäume. Auf unserer Tour lernen wir fast alles kennen, was die Schönheit der Fränkischen Schweiz ausmacht und schon Anfang des 19. Jahrhunderts Studenten aus Erlangen und die Romantiker bewogen hat, das „Muggendorfer Gebürg" zu besuchen: Das tief eingeschnittene Tal der Wiesent und seine Seitentäler, die vom Baumbewuchs befreiten Dolomitriffe und die Ausblicke

Anfahrt/Abfahrt mit der Museumsbahn: Sowohl Behringersmühle als auch Muggendorf liegen an der Strecke der Dampfbahn Fränkische Schweiz (Fahrpläne und weitere Infos unter www.dampfbahn.net).
Gelände: Die Wanderung verläuft etwa zur Hälfte in offenem Gelände und zur Hälfte im Wald. Es sind drei etwas längere und steilere An- und Abstiege zu bewäktigen, sodass festes Schuhwerk zu empfehlen ist.
Empfohlene Jahreszeit: Ganzjährig reizvoll, außer bei Glätte oder wenn zu viel Schnee liegt. Besonders schön im Mai.
Karte: Naturpark Fränkische Schweiz – Frankenjura – südlicher Teil, UK50-11, 1:50 000 von Landesamt für Digitalisierung, Breitband und Vermessung Bayern
Sehenswertes:
Weiße Marter: Die Bildsäule von 1767 zeigt über einem Rokoko-Unterbau die Krönung Mariens durch die Dreifaltigkeit.
Riesenburg: Große und interessante Einsturzhöhle, die als eines der 100 schönsten Geotope Bayerns ausgezeichnet wurde.
Adlerstein: Aussichtsfelsen, der auf einer Leiter erstiegen werden kann.
Oswaldhöhle: 65 m lange Durchgangshöhle.

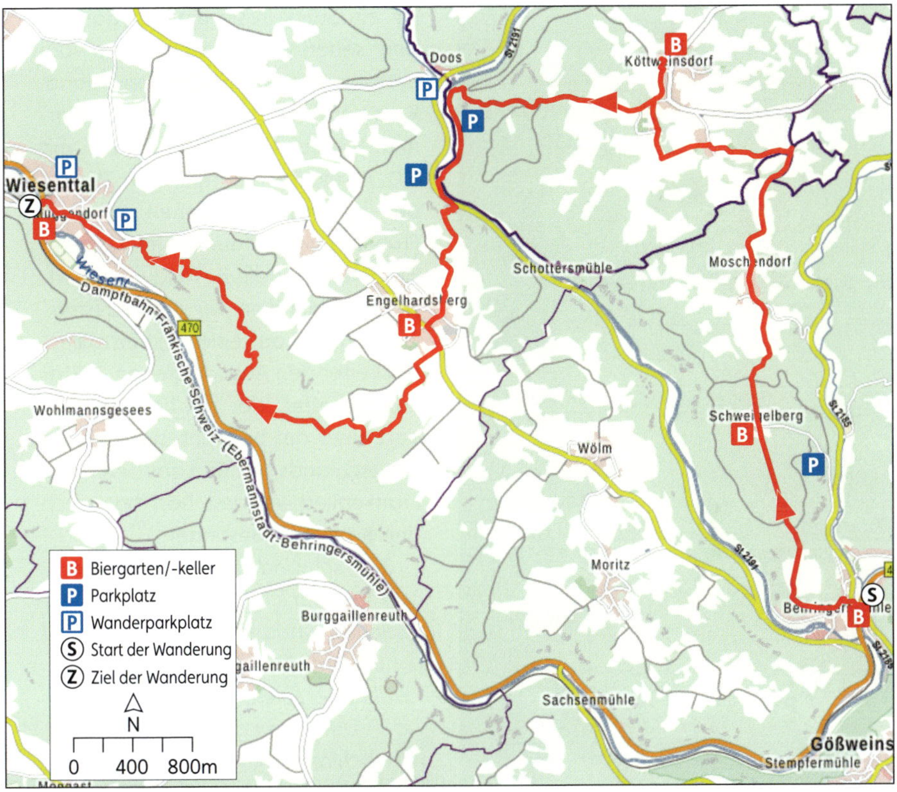

Der Wanderweg führt direkt durch die Oswaldhöhle.

von den Felsen, die kleinteilige Landwirtschaft, die Laubwälder und die Höhlen.

Besonders interessant ist die Versturzhöhle Riesenburg. Ihre Decke ist eingestürzt, allerdings nicht vollständig, sodass man über den noch stehengebliebenen Teil des Höhlendachs zu einer Aussichtskanzel hinweggehen kann. Dabei blickt man auf den Grund der Höhle hinunter. Irgendwann wird der restliche Teil auch einstürzen. Ein bereits völlig eingefallenes Höhlensystem begegnet uns beim Quackenschloss. Hier ist nur noch eine wilde Felsszenerie vorhanden, die kaum mehr an die frühere Höhle denken lässt. Zum Ende der Wanderung gehen wir durch die 65 m lange Oswaldhöhle. Erst wenn

Die Weiße Marter bei Köttweinsdorf.

wir ein Stück in sie hineingegangen sind, sehen wir den Lichtschein vom entgegengesetzten Höhlenausgang. Kurz vor dem Quackenschloss kommen wir beim Adlerstein vorbei, mit 531 m einem der höchsten Punkte der inneren Fränkischen Schweiz. Früher hielten Bauern der Gegend Holzleitern für die Besteigung bereit. Heute erklimmen wir verhältnismäßig bequem auf einer fest installierten Leiter den Aussichtsfelsen. Viktor von Scheffel, der im 19. Jahrhundert einer der bekanntesten Dichter Deutschlands war und das berühmte Frankenlied verfasst hat, hat auch den Adlerstein besungen:

Zum schwindelhohen Adlerstein
Versuch ich früh ein Klettern
Schau rundum ins Gebirg hinein
Und laß die Laute schmettern.
Frühnebel spielt, von Wind gefacht,
Um Felsen grobgestaltig.
O Hochland, wilde Hochlandpracht,
O Täler grün und waldig.

Wegbeschreibung

Wir gehen von der Bushaltestelle auf einem Steg über die Püttlach (ein Stück weiter mündet sie in die Wiesent), dann vorsichtig über die B470 und geradeaus neben der Straße in Richtung Oberailsfeld weiter, die wir aber gleich wieder links verlassen. An der Hauptstraße gelangen wir geradeaus, d. h. leicht nach rechts versetzt zu den Wegweisern. Mit der „Gelben Raute" verlassen wir den Ort und wandern im Wald am Hang empor. Auf der Höhe geht es über eine Wiese, danach wieder schattig zum lauschig gelegenen Forsthaus Schweigelberg. Wir wechseln nun zur Markierung „Gelbes Kreuz". Sie führt

Immer wieder wandern wir durch prächtige Laubwälder.

uns in Wald und Flur über Moschendorf zur Weißen Marter.
Hier gehen wir links weiter, nun wieder mit der „Gelben Raute". Nach knapp 1 km gelangen wir bei einem Flurkreuz an einen etwas breiteren Feldweg, dem wir nach rechts ohne Markierung folgen. Auf Asphalt wandern wir nach Köttweinsdorf hinein. Wer im schönen Garten des Gasthauses Maihof rasten möchte, wählt geradeaus den Privatweg.

Auf dem Weg zum Maihof.

Wir biegen links ab (vom Maihof kommend also rechts). Das Wegzeichen „Rotes und weißes Dreieck" leitet uns aus Köttweinsdorf hinaus, durch offenes Gelände und im Wald bald steil abwärts ins Wiesenttal. Wir halten uns links und bleiben 600 m auf dem schattigen Weg etwas oberhalb des Flusses. Die Markierung verabschiedet sich. Wir überqueren auf einem Steg die Wiesent, folgen ein Stück der Talstraße und steigen auf Stufen zur Riesenburg empor. Der Wanderweg führt direkt durch die spektakuläre Versturzhöhle.

Wir orientieren uns jetzt bis zum Adlerstein an der Markierung „Gelber Ring". Nach der Riesenburg geht es weiter empor, am einladenden Gastgarten des Biohofs Beyer vorbei und an die Ortsdurchgangsstraße in Engelhardsberg. Wir halten uns links, bei den letzten Häusern rechts und nach 200 m wieder links. Nach einem kleinen Wanderparkplatz geht es rechts zum nahen Adlerstein. Er kann über eine Eisenleiter bestiegen werden. Der Blick reicht bis ins Fichtelgebirge.

Es folgt ein langer Abschnitt im Wald. Bis zur Oswaldhöhle achten wir gut auf die Markierung „Roter senkrechter Balken" des Heinrich-Uhl-Wegs. Zunächst kommen wir am Quackenschloss vorbei. Das geschützte Naturdenkmal ist sowohl ein Kletterfelsen als auch der Rest eines sehr alten Höhlensystems, das noch auf 18 Metern begangen werden kann. Danach wandern wir auf schönen Waldwegen 120 Höhenmeter bergab und wieder 120 Höhenmeter steil bergan (etwa am höchsten Punkt wäre es rechts ein Katzensprung zum Aussichtsturm auf dem Hohlen Berg). 200 m später geht es links auf Stufen hinab und in die dunkle Oswaldhöhle

Originell ist auch die An- und Abreise mit der Museumsbahn.

Wir steigen in der Versturzhöhle Riesenburg empor.

hinein. Erst nach ein paar Schritten ist der Ausgang der Durchgangshöhle zu sehen.

Wieder unter freiem Himmel halten wir uns links. Von Aussichtsfelsen am Wegesrand hat man einen tollen Blick aufs Wiesenttal. Der „Rote senkrechte Balken" verschwindet nach rechts, wir steigen links talwärts. Bei den ersten Häusern kommen wir an eine Straße, die uns zum Marktplatz in Muggendorf bringt. Die Straße mündet wenig später in die Bundesstraße 470, an der die Bushaltestelle liegt.

Vor Muggendorf haben wir von den Felsen prächtige Ausblicke ins Wiesenttal.

9

Behringers

Anschrift: Behringersmühle 23, 91327 Gößweinstein

Lage: Netter Biergarten. Je nach Tageszeit und Tisch kann der Verkehrslärm der nahen Bundesstraße jedoch etwas stören.

Essen und Trinken: Große Speisekarte mit fränkischen Spezialitäten und mediterran inspirierten Gerichten. Biere von Held-Bräu in Oberailsfeld und der Kulmbacher Brauerei (Mönchshof und Kapuziner).

Telefon: 09242 740030

Internet: tagungshotel-behringers.de

Forsthaus Schweigelberg

Anschrift: Schweigelberg, 91327 Gößweinstein

Lage: Sehr ruhig (keine öffentliche Autozufahrt) und idyllisch an einer Waldwiese gelegen. Sonnige Plätze am Haus, schattige unter Schirmen und einem Baum.

Essen und Trinken: Warme Speisen meist nur auf Vorbestellung oder bei den Events (siehe Homepage). Slow-Food-Küche, also Gerichte aus möglichst saisonalen, regionalen, ökologischen und gesunden Lebensmitteln. Seltsamerweise werden vegane Optionen ungern angeboten.

Telefon: 0172 8120871

Internet: www.forsthaus-schweigelberg.de

Gasthaus Maihof

Anschrift: Köttweinsdorf 30, 91344 Waischenfeld

Lage: Sehr ruhig und idyllisch. Man sitzt auf einer Wiese mit Obstbäumen. Schattige wie auch sonnige Plätze an Gartentischen.

Essen und Trinken: Typische fränkische Küche. Brotzeiten sowie warme Fleisch- und Fischgerichte. Kuchen und Torten aus eigener Herstellung. Biere von Krug Bräu in Breitenlesau. Auch Hochprozentiges von kleinen Brennereien in der Fränkischen Schweiz.

Telefon: 09202 353

Internet: www.mai-hof.de

Raststation des Biohofs Familie Beyer

Anschrift: Engelhardsberg 42, 91346 Wiesenttal

Lage: Schön ruhig am Ortsrand gelegen. Bänke und Tische aus Holz. Man sitzt auf einer Wiese und ist umgeben von Obstbäumen.

Essen und Trinken: Gemüseburger, Pommes (beides auch vegan möglich), Wagyu-Burger, Currywurst und Bratwürste. Überwiegend Biozutaten, teilweise vom eigenen Hof. Kaffee und Kuchen. Bio-Biere von Lammsbräu in Neumarkt in der Oberpfalz.

Telefon: 0170 8062855

Internet: www.biohof-beyer.de/raststation-gastronomie

Brückla

Anschrift: Wiesentweg 18, 91346 Wiesenttal (Muggendorf)

Lage: Schöner Garten direkt an der Wiesent. Man sitzt unter Bäumen oder Sonnenschirmen. Allerdings durch die nahe Bundesstraße nicht ganz ruhig.

Essen und Trinken: Fränkische und internationale Fleisch-, Fisch- und Nudelgerichte. Biere von Püls-Bräu in Weismain.

Telefon: 09196 998100

Internet: www.brueckla.de

Rund um Strullendorf

Zu 7 Bierkellern und Biergärten

Strullendorf – Waldkapelle – Wernsdorf – Wernsdorfer Wasserturm – Geisfeld – Roßdorf am Forst – Amlingstadt – Grenzmühle – Strullendorf

Weglänge: 18 km
Aufstieg / Abstieg: 200 hm / 200 hm
Reine Gehzeit: 4 1/2 Stunden
Start und Ziel: Bahnhof Strullendorf an der Strecke Nürnberg – Bamberg.
Gelände: Bequem zu gehende Wege, zwei harmlose Anstiege, ansonsten eben und sanft bergab. Die Wanderung verläuft meist durch offenes Gelände und nur auf zwei kurzen Passagen durch Wald.
Empfohlene Jahreszeit: Während der Biergartensaison an nicht zu heißen Tagen.
Karte: Naturpark Fränkische Schweiz – Frankenjura nördlicher Teil, UK50-10, 1:50 000 von Landesamt für Digitalisierung, Breitband und Vermessung Bayern oder Naturpark Fränkische Schweiz, Blatt Süd, Nr. 53, 1:50 000 von Fritsch
Sehenswertes: Schöne Kellerhäuser und viel Fachwerk in Geisfeld und Roßdorf. Die Kirche in Geisfeld besitzt einen mittelalterlichen Chorturm mit Helm und Ecktürmen aus dem 17. Jahrhundert und eine ansehnliche Innenausstattung. In Wernsdorf ist die Schlossanlage interessant.

Diese Tour führt überwiegend durch landwirtschaftlich genutztes Gebiet.

Dietrichslohe
Schlundknock
Reutschlag
Geisfeld
Magdalenenstraße
Windbühl
St 2210
Roßdorf a. Forst
Gartenweg
Dorfstr.
Kleeanger
Erlengraben
Saarflecken
Kreckelholz
St 2188
Wernsdorf
Spielberg
Amlingstadt
Zeegenbach
Grenzmühle
Tiergarten
Wacht
Möstenbach
Strullendorf
Mühlberg
Grabenstraße
Heinrichstraße
Kapellenweg
Laurenzistraße
Auweg
Rotenberg
Lichtholz
BA25
St 2244
73
Biergarten/-keller
Parkplatz
Mühle
Start der Wanderung
Ziel der Wanderung
N
0 200 400 600m

Auf dem Griess Keller in Geisfeld.

Die alte Bischofsstadt Bamberg ist von einem Kranz beliebter Bierkeller umgeben. Zu den schönsten zählen die in Geisfeld und Roßdorf am Forst. Beide Orte besitzen darüber hinaus gepflegte alte Häuser und nur wenige Neubauten.

Unsere Wanderung führt uns durch eine unspektakuläre, abwechslungsreiche, landwirtschaftlich geprägte Gegend. Beim Wernsdorfer Wasserhaus und um Geisfeld herum erfreuen uns Ausblicke zur Friesener Warte und zum Geisberg. Kurzum kommen alle Voraussetzungen für einen gemütlichen Ausflug zusammen.

Am Hinweg finden wir in Wernsdorf und in Geisfeld erste Einkehrmöglichkeiten mit Biergärten. Der Geisfelder Keller liegt ein Stück vom Ort entfernt, ist von herrlichem Baumbestand eingerahmt und mit seinen Fachwerkgebäuden eine echte Augenweide. Nach langer Schließung ist er 1995 wiederauferstanden.

Auch der Roßdorfer Felsenkeller der Brauerei Sauer ist weithin bekannt. Er besitzt ein romantisches Kellerhaus aus dem Jahr 1913. Selbst an heißen Tagen ist es hier angenehm kühl, was an dem vielen Schatten und dem vorbeifließenden Bächlein liegen muss. Ebenfalls schön sitzt man im Biergarten des Brauereigasthofs im Ort.

Am Beginn von Strullendorf haben wir auf dem Schwanenkeller die letzte Gelegenheit, die Heimfahrt nicht unterhopft antreten zu müssen. Gezapft werden hier die Biere der Brauerei Rittmayer in Hallerndorf.

Wegbeschreibung

Am Bahnhof Strullendorf gehen wir rechts und dann in einer Linkskurve durch die Bahnhofstraße Richtung Ortsmitte. Kurz vor der verkehrsreichen Forchheimer Straße biegen wir rechts in die Straße Hinterm Herrn ein. Sie mündet in die Forchheimer Straße. Wir folgen ihr rechts und verlassen sie nach 100 m wieder nach links. Die Tiergartenstraße bringt uns bis zum Waldanfang. Dort laufen wir auf einem unbefestigten Weg in den Wald hinein. Nach 250 m gehen wir an einer Gabelung geradeaus, 75 m später halten wir uns rechts. Eine Waldkapelle wird passiert. An der nächste Gabelung halblinks. Unser Weg schwenkt nach links, bringt uns leicht bergan und nach dem Wald an ein Sträßchen vor der Autobahn 73. Wir halten uns rechts und gleich wieder links. Die Autobahn wird auf einer Brücke überquert. Nach einem kurzen Waldstück gehen wir links und bei der nächsten Möglichkeit wieder rechts. Der Fahrweg führt uns zwischen Feldern zur Kreisstraße BA 25. Wir überqueren sie, behalten noch 850 m die Richtung bei und biegen dann auf der Anhöhe Wacht an einer Kreuzung links in einen etwas schmäleren Weg ab. Die Staatsstraße 2210 wird erreicht. Auf dieser marschieren wir nach Wernsdorf hinein.

In Wernsdorf verlassen wir die Ortsdurchgangsstraße vor der Linkskurve nach rechts (wenn Sie zum Gasthof Schiller möchten, bleiben Sie noch 300 m auf der Straße). Auf einer Brücke für Fußgänger wird der Zeegenbach überquert. Wir gelangen an die Roßdorfer Straße die uns bis zum Ortsende bringt. Vor dem letzten Haus führt

Ortsbild mit Schloss in Wernsdorf.

Ortsbild in Roßdorf.

10

rechts ein Feldweg in die Flur. Wir sehen vor uns bereits das runde Wasserhaus von Wernsdorf, das wir nach kurzem Anstieg erreichen. Die Aussicht von hier oben ist prächtig.

Wir wählen nun (von Wernsdorf kommend) rechts den Fahrweg, der Richtung Osten bis Nordosten über die Höhe verläuft. 100 m vor den ersten Grundstücken von Leesten biegen wir links einen Feldweg ab. An einer Kreuzung geradeaus weiter, nun asphaltiert. Auf dem Sträßchen geht es kurz in ein Tal hinab, über den Geisfelder Bach und wieder bergan. Wenig später sind wir schon auf dem Griess Keller. Wenn Sie stattdessen im Landgasthof Büttel im nahen Geisfeld einkehren wollen, behalten Sie für weitere 600 m die Richtung bei.

Zum Weiterweg folgen wir vom Griess Keller für 200 m wieder dem Sträßchen, auf dem wir gekommen sind, und biegen dann bei einer Hinweistafel der „Strullendorfer Bierrunde" rechts in ein weiteres Sträßchen ab. Es bringt uns an die Kreisstraße BA 46, auf deren Geh- und Radweg wir links zum Ortsbeginn von Roßdorf gelangen. An der ersten Straße gehen wir rechts, an der Kreisstraße links. Wer zum Brauereigasthof Sauer möchte, biegt knapp 150 m später rechts in die Straße Steinweg ab. So oder so folgen wir noch 175 m der Kreisstraße, ehe wir uns an der Straße Zum Felsenkeller links halten. Ein paar Häuser und Gärten weiter wird schon der Roßdorfer Felsenkeller erreicht.

Nach der Einkehr laufen wir vom Keller etwa die Hälfte der Strecke zur Kreisstraße zurück und biegen links in den geteerten Weg ein, der hinter großen Hausgrundstücken entlangführt. Wir gelangen an eine Straße, der wir links folgen. Der Geisfelder Bach wird überquert. Kurz danach geht es rechts auf einem befestigten Fahrweg weiter. Wir wandern im Talgrund bis an ein Sträßchen. Nach rechts kann man hier einen Abstecher zu der 250 m entfernten Almrauschhütte machen.

Das Sträßchen bringt uns links zur Staatsstraße 2188. Dieser folgen wir für 100 m bis zum Ortsrand von Amlingstadt. Wir biegen rechts in die Straße zum Lehengarten ein. Nach den Häusern wird der Zeegenbach überquert und es geht geradeaus in den Wald hinein. Unmittelbar nachdem wir die Autobahn 73 unterquert haben, biegen wir rechts in einen Waldweg ab. Strullendorf wird erreicht. Das erste Haus links ist das Kellerhaus des Schwanenkellers.

Die Straßen Am Kairoth und Lindenallee führen uns an die Bamberger Straße im Ortszentrum. Wir folgen dieser 200 m nach rechts und biegen dann links in die Bahnhofstraße ab. Ans Ziel dieser Wanderung ist es nun nicht mehr weit.

Gasthof Schiller

Anschrift: Amlingstadter Str. 14, 96129 Strullendorf (Wernsdorf)

Lage: Der große Biergarten mit alten Bäumen spendet an heißen Tagen dichten Schatten. Man sitzt in einem der Pavillons oder auf Bierbänken.

Essen und Trinken: Die Küche ist fränkisch orientiert, man bekommt selbstgeräucherten Schinken und Zwetschgenbammes, Schweinshaxe, Schäufele, Wildgulasch und mehr. Es wird immer auch mindestens ein veganes Gericht angeboten, etwa Gemüsecurry mit Duftreis oder Linsen-Chili mit Baguette. Vom Fass werden Biere der Brauerei Hübner in Steinfeld und St. Georgenbräu in Buttenheim gezapft.

Telefon: 09543 44020

Internet: www.gasthof-schiller.de

Griess Keller

Anschrift: Kellerweg 9, 96129 Strullendorf (Geisfeld)

Lage: Freie und sehr ruhige Lage am Hang, ein Stück vom Dorf entfernt. Neben sonnigen Plätzen findet man überwiegend Baumschatten unter Linden und Kastanien. Terrassenartige Anlage, schöne Fachwerkkellerhäuser. Neu erstellt wurde ein überdachter vor Regen schützender Bereich.

Essen und Trinken: Neben den üblichen Kellerbrotzeiten gibt es auch kleine warme Gerichte. Das ungespundete Kellerbier der Brauerei Griess im Ort wird wie in alten Zeiten direkt am Kellerhaus ausgeschenkt.

Telefon: 09505 4300719

Internet: www.griesskeller.net

Landgasthof Büttel

Anschrift: Litzendorfer Straße 3, 96129 Strullendorf (Geisfeld)

Lage: Gepflegter Biergarten vor dem schönen Gasthausgebäude. Teils sonnige, teils schattige Plätze.

Essen und Trinken: Große Auswahl an fränkischen und deutschen Fleisch- und Fischgerichten. Nach eigenen Aussagen wird Wert auf regionale und saisonale Zutaten und Nachhaltigkeit gelegt. Etwas rein Pflanzliches steht seltsamerweise trotzdem nicht auf der Speisekarte. Biere der Brauereien Rittmayer in Hallerndorf und Grasser in Huppendorf.

Telefon: 09505 80670

Internet: gasthof-buettel.de

Brauereigasthof Sauer

Anschrift: Sutte 5, 96129 Strullendorf (Roßdorf am Forst)

Lage: Großer, schöner Biergarten in sehr ruhiger Dorflage. Man kann zwischen sonnigen Plätzen, halbschattigen und solchen im Schatten hoher Bäume wählen.

Essen und Trinken: Die Küche erhielt eine Auszeichnung der Zeitschrift Feinschmecker. Es gibt typische fränkische Brotzeiten, Fleisch- und Fischgerichte, aber auch Salate, Flammkuchen und Burger. Die Biere (u. a. Lagerbier, Braunbier, Pils und Weizen) stammen aus der eigenen Brauerei.

Telefon: 09543 1578

Internet: www.brauerei-sauer.de

Roßdorfer Felsenkeller

Anschrift: Zum Felsenkeller 1, 96129, Strullendorf (Roßdorf am Forst)

Lage: Auch auf diesem Keller sitzt man sehr ruhig. Überwiegend im Schatten alter Bäume. Das malerische Fachwerkkellerhaus stammt aus dem Jahr 1913.

Essen und Trinken: Kleine Karte mit Brotzeiten und warmen Gerichten, darunter auch Veganes. Die Biere stammen von der Brauerei Sauer im Ort.

Telefon: 0179 4907976
Internet: rossdorfer-felsenkeller.de

Almrauschhütte

Anschrift: Am Hauptsmoorwald 3, 96129 Strullendorf (Amlingstadt)
Lage: Zwischen Roßdorf und Strullendorf nahe der Wanderstrecke. Isolierte und ruhige Lage. Überwiegend sonnige Plätze.
Essen und Trinken: Fränkische Brotzeiten und warme Fleischgerichte. Biere der Brauerei Ott in Oberleinleiter.
Telefon: 09543 4417799
Internet: www.facebook.com/almrauschhuette

Schwanenkeller

Anschrift: Kellerberg 9, 96129 Strullendorf
Lage: Ruhige Lage am Ortsrand von Strullendorf. Überwiegend schattig unter alten Eichen. Sonnige Plätze auf der Terrasse vor dem Kellerhaus.
Essen und Trinken: Kellerbrotzeiten sowie kleine warme Gerichte wie Currywurst mit Pommes, Gerupfter und Knoblauchbaguette. Die Biere kommen von der Brauerei Rittmayer in Hallerndorf.
Telefon: 09543 41278

Zur Ritterburg Giech und zur Wallfahrtskapelle Gügel

Bierkeller und Biergärten in Scheßlitz, an der Giechburg, in Schammelsdorf und in Memmelsdorf

Scheßlitz – Giechburg – Gügel – Schammelsdorf – Meedensdorf – Memmelsdorf

11

Weglänge: 19 km
Aufstieg / Abstieg: 430 hm / 470 hm
Reine Gehzeit: 5 3/4 Stunden
Start: Bushaltestelle Kilianskirche in Scheßlitz an den Buslinien 963 Bamberg – Scheßlitz – Weismain und 969 Bamberg – Scheßlitz – Hollfeld.
Ziel: Bushaltestelle Memmelsdorf Markt an den Buslinien 963 Weismain – Scheßlitz – Bamberg und 907 Memmelsdorf – Bamberg.
Gelände: Der einzige längere Anstieg gleich am Anfang der Tour bis zur Giechburg. Gut die Hälfte der Wanderstrecke verläuft im Wald. Bis Schammelsdorf fast nur ruhige Feldwege und Forststräßchen, danach auch asphaltierte Passagen.
Empfohlene Jahreszeit: Bei Biergartenwetter, aber nicht an sehr heißen Tagen.
Karte: Coburger Land – Oberes Maintal – Bamberg, UK50-3, 1:50 000 von Landesamt für Digitalisierung, Breitband und Vermessung Bayern

Figur im Schlosspark Seehof.

Sehenswertes:

Scheßlitz: Hübsches Städtchen am Rand der Fränkischen Alb. Leider viel Durchgangsverkehr. An der Hauptstraße beeindruckt das Zunfthaus der Brauer mit Fachwerkschnitzereien und großem Erker. Sehenswert ist auch die Pfarrkirche St. Kilian mit prächtigem Hochaltar und schöner Kanzel, jeweils von J. B. Kamm. Im Chor findet man das Epitaph eines adeligen Truhendingers im Kettenhemd und seiner Frau Agnes, um die der Ritter seinen Arm legt (aus der Zeit um 1360).

Burgruine Giech: Am Rand des Jura auf einem Bergkegel gelegene große Halbruine. Rechteckige Burganlage mit sechs Rundtürmen und vorgelagerten Bastionen aus der Zeit um 1600. Durch die gotische Toranlage mit Wappen und die anschließende Durchfahrt gelangt man in den Innenhof. An der Ostseite liegt der Bergfried aus dem 13. Jahrhundert. Schöne Aussicht.

Wallfahrtskirche Gügel: Die Kirche liegt landschaftsbeherrschend an der Stelle einer früheren Burg auf einem Jurafelsen. Zugang bei der ehemaligen Gastwirtschaft in die Unterkirche (Lourdeskapelle) und von dieser auf schmaler Wendeltreppe in die Oberkirche. Die wesentlichen Bauteile stammen aus der Zeit nach 1610, so auch der interessante frühbarocke Hochaltar. In der Kirche befindet sich die älteste noch bespielbare Orgel Oberfrankens (von 1608).

Memmelsdorf: Die Kirche Mariä Himmelfahrt bildet zusammen mit der figurengeschmückten Friedhofsmauer ein schönes Bauensemble. Die Figuren stammen von Ferdinand Tietz, der auch für die Gartenkunst im Schlosspark Seehof am Ortsrand von Memmelsdorf verantwortlich war. Die großartige barocke Schlossanlage wurde 1687 bis 1696 von dem Würzburger Baumeister Petrini für den Bamberger Fürstbischof Schenk von Stauffenberg errichtet, das Torgebäude mit Wachthäusern von Johann Jakob Michael Küchel. Die Wasserspiele im Schlosspark werden Mai bis Anfang Oktober täglich von 10-17 Uhr zu jeder vollen Stunde gezeigt.

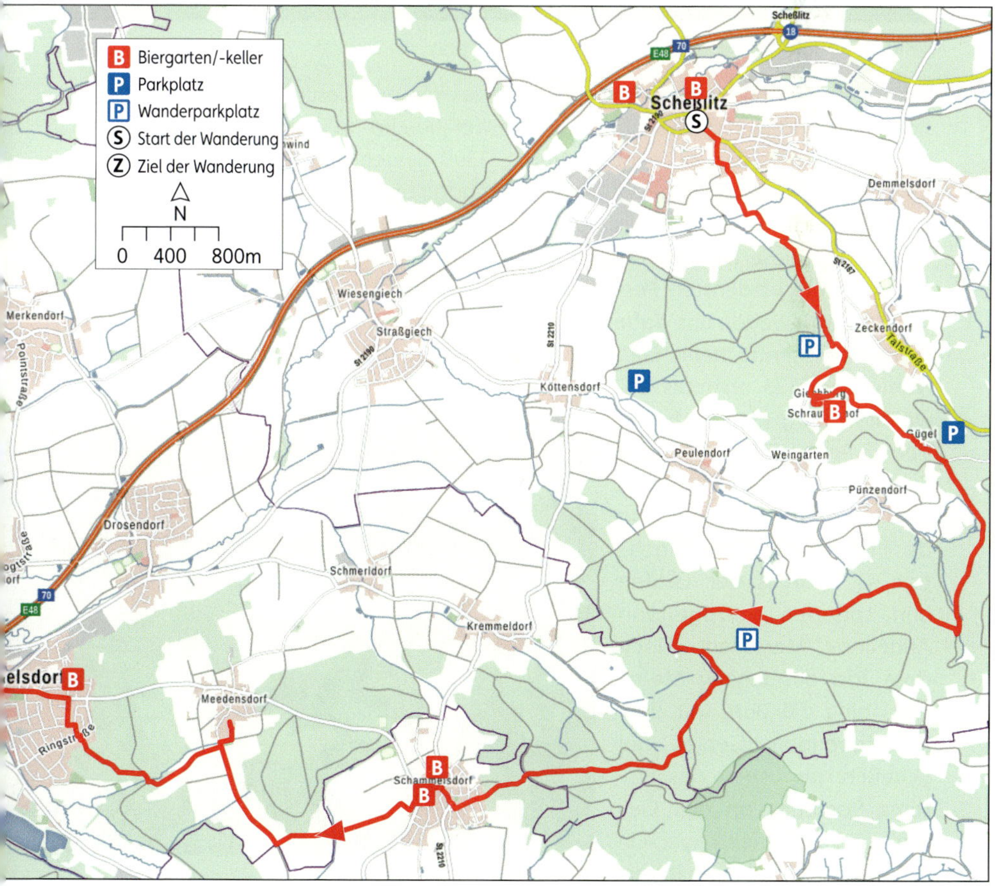

Blick von der Giechburg.

11

Schon bei der Anfahrt erblickt man vor sich einen Höhenrücken mit der Silhouette der mächtigen Giechburg und – nicht ganz so hoch aufragend – der Gügelkapelle. Auf unserer Wanderung werden wir diese beiden Landmarken aus den verschiedensten Perspektiven sehen. Wir bewegen uns dabei in ehemals ritterschaftlichem Gebiet. Der Name der 1125 erstmals erwähnten Burg leitet sich von dem Adelsgeschlecht der Grafen von Giech ab. Bereits 1130 gelangte der Besitz an das im Hochmittelalter mächtige Geschlecht der Grafen und späteren Herzöge von Andechs- Meranien. Nach dem Tod des letzten Meraniers ging die Burg mit dem dazugehörigen Gebiet um Scheßlitz als Lehen des Bistums Bamberg an das Geschlecht der Truhendinger. Ein schönes Grabmal eines Ritters aus diesem Geschlecht können wir in der Kirche in Scheßlitz besichtigen. 1390 gingen dann Burg und Besitztum endgültig an das Hochstift Bamberg. Die Burg wurde mehrmals zerstört und wieder aufgebaut. Die letzte Zerstörung war nicht kriegerischer Natur: Als das Bistum Bamberg nach der Säkularisation 1802 zu Bayern kam, wurden

Ein Bläuling beim Nektarsaugen.

durch den abrisswütigen bayerischen Bauinspektor von Hohenhausen die Dächer abgetragen.
Auch auf dem Felsen, auf dem heute steil emporragend die Gügelkapelle steht, befand sich ursprünglich eine Burg der Meranier. Schon um 1400 war sie verfallen und wurde durch eine erste Kapelle ersetzt.
Nach der Säkularisation sollte die Gügelkirche abgerissen werden. Der Widerstand des Scheßlitzer Pfarrers und der Bevölkerung verhinderte dies. Unser Wanderziel Gügel ist ein Wallfahrtsort. Schon am Weg weisen uns die barocken Kreuzwegstationen darauf hin. Wallfahrtskirchen sind häufig in landschaftlich schönster Lage, oft auf Bergen, errichtet.
In Scheßlitz erfreuen wir uns an dem mit Holzschnitzereien verzierten Fachwerkhaus der Brauerzunft, was uns die früher große Bedeutung des Brauwesens in dieser Region erkennen lässt. Zum Glück hat hier das Brauereisterben noch nicht um sich gegriffen. Auf engstem Raum finden sich 12 Brauereien. Direkt an unserer Strecke die Brauerei Drei Kronen in Scheßlitz, die Brauerei Knoblach in Schammelsdorf und die Brauereien Drei Kronen und Höhn in Memmelsdorf. Mit Umwegen oder Abstechern wären noch die Brauerei Hoh in Köttensdorf, die Brauereien Hölzlein und Reh in Lohndorf, die Brauerei Hönig in Tiefenellern, die Brauerei Brandholz in Melkendorf, die Brauerei Göller in Droßendorf sowie die Brauereien Wagner und Hummel in Merkendorf zu erreichen.

Die Wallfahrtskirche Gügel spitzt bereits hervor.

Wenn wir am Ende der Tour in Memmelsdorf ankommen, können wir uns zwischen Biergenuss im Ort und Kunstgenuss im Schlosspark Seehof entscheiden. So oder so wird dies noch ein Glanzpunkt nach einer abwechslungsreichen Wanderung sein.

Wegbeschreibung

Von der Pfarrkirche St. Kilian in Scheßlitz gehen wir auf der Wilhelm-Spengler-Straße in Richtung Süden. Bis zur Wallfahrtskirche Gügel folgen wir wieder dem Frankenweg und dem Main-Donau-Weg. Wir biegen links in die Straße Altenbach ab, rechts in den Gügelweg, links in die Straße Am Kreuzschleifer und rechts in den Andechsweg. Nach dem Asphalt wandern wir zwischen Feldern in einen Bachgrund und dann durch Wald bergan bis an ein Sträßchen. Dieses führt uns vor die Giechburg. Der kurze Abstecher zur Ruine lohnt nicht nur wegen der schönen Aussicht.

Wir wandern über Magerrasen und auf einem reizvollen Wiesenweg abwärts und im Wald kurz bergan zum Gügel. Die Wallfahrtskirche steht auf einem Felsen, dessen Wand Teil des Kirchturms ist. Von der Kapelle im Untergeschoss gelangt man über eine Wendeltreppe durch einen in den Fels gehauenen Gang nach oben in die Kirche.

Wir folgen unseren beiden Markierungen noch für 200 m und verlassen sie dann an einer Wegspinne rechts auf einer Forststraße. Gut 1,5 km begleitet uns nun die „Rote Raute" durch Buchenmischwald und an Felsen vorbei. Nach einem kurzen steilen Anstieg biegen wir ohne Markierung scharf rechts ab. Am Lindig-Brunnen warten frisches Quellwasser und Getränke aus der Flasche auf durstige Wanderleute. Nach knapp 1,5 km wird eine geschotterte Forststraße erreicht. Hier gehen wir links bergan weiter. Nach einer Linkskurve und dem Anstieg gelangen wir halbrechts auf eine weitere Forststraße, an einer Kreuzung biegen wir rechts in das nächste unasphaltierte Waldsträßchen ein. 500 m später an einer Gablung weiter abwärts. Wir passieren die Stammberg-Quelle. Knapp

Bierbrunnen am Wegesrand.

Der Waldpfad vor Schammelsdorf ist zuweilen etwas zugewachsen.

300 m nach der Quelle müssen wir in einer Rechtskurve aufpassen und die Forststraße nach halblinks auf einem zuweilen leicht zugewachsenen Pfad verlassen. Dieser führt uns geradeaus erst eben, dann bergab bis zu den ersten Häusern von Schammelsdorf. Die Straße Dickengarten mündet in die Litzendorfer Straße, der wir rechts zum Brauereigasthof Knoblach in Schammelsdorf folgen.

Wir halten uns an der Straße nach Memmelsdorf links, passieren das Restaurant Rungnapha, biegen noch im Ort rechts in die Meedensdorfer Straße ab und gleich wieder links auf einen asphaltierten Fahrweg. Zwischen Feld und Flur geht es in einen Bachgrund hinab, danach unter einer Hochspannungsleitung rechts. Am Ortsrand von Meedensdorf werden ein Fußballplatz und das Gemeinschaftshaus erreicht. Da das nahe Gasthaus und der Biergarten Hoh seit Sommer 2023 geschlossen ist, halten wir uns hier rechts und wandern auf einem anfangs befestigten Weg in die Flur hinaus, dann am Waldrand entlang. An einem Waldeck geht es rechts in den Wald hinein, kurz abwärts und auf einer Forststraße wieder bergan. Wir verlassen sie nach 100 m links auf einen breiten Weg. 200 m danach halten wir uns halbrechts. In Memmelsdorf folgen wir der Ringstraße ein paar Schritte nach links, biegen rechts in die Hans-Gick-Straße ab, dann links in die Hohensteinstraße und gleich wieder rechts in die Straße Am hohen Kreuz. Die größere Meedensdorfer Straße führt uns nach links am Höhnskeller vorbei und ins Zentrum von Memmelsdorf mit der Bushaltestelle. Wenn Sie dem Straßenverlauf folgen, taucht bald schon das prachtvolle Schloss Seehof vor Ihren Augen auf.

Brauerei Gasthof Drei Kronen

Anschrift: Hauptstraße 39, 96110 Scheßlitz

Lage: Gasthof und Brauerei sind schon seit sechs Generationen in Familienbesitz. Man sitzt wie anno dazumal im Innenhof oder im Wirtshaus.

Essen und Trinken: Brotzeiten, Bratwürste mit Sauerkraut, Burger, selbstgebackene Kuchen und Torten. Gebraut werden Schäazer Kronabier (Lagerbier), Original 1837 dunkel, Helles, Weißbier und Rauchbier hell. Saisonal zudem ein Roggenbier und ein Weizenbock, die beide bei Bierprämierungen ausgezeichnet wurden.

Telefon: 09542 1564

Schwanenkeller

Anschrift: Windischlettener Straße 12, 96110 Scheßlitz

Lage: An der Straße nach Windischletten und unweit der Autobahn. Trotzdem ruhig. Schönes Fachwerkkellerhaus. Überwiegend schattig unter alten Laubbäumen.

Essen und Trinken: Einfaches Essen. Brotzeiten, Salate, warme Fleischgerichte. Ausgeschenkt werden die Biere der Brauerei Loscher in Münchsteinach.

Telefon: 09542 6979938

Internet: www.facebook.com/Schwanenkeller.in.Schesslitz

Gaststätte Giechburg

Anschrift: Giechburg 1, 96110 Scheßlitz

Lage: Man sitzt sehr schön und ruhig im Hof der Giechburg. Sonnige Plätze wie auch Schatten unter Schirmen.

11

Essen und Trinken: Fränkische Hausmannskost. Es gibt Brotzeiten und warme Gerichte wie Schäufela und Wild. Hausgebackene Kuchen und Torten. Ausgeschenkt werden die Biere von St. Georgenbräu in Buttenheim und Erdinger Weißbräu in Erding.

Telefon: 09542 424

Internet: www.giechburg-gaststaette.de

Brauereigasthof Knoblach

Anschrift: Kremmeldorfer Straße 1, 96123 Litzendorf (Schammelsdorf)

Lage: Großer, gepflegter Biergarten in dörflicher Lage. Man sitzt in der Sonne oder im Baumschatten.

Essen und Trinken: Recht umfangreiche Karte mit Brotzeiten und Fleischgerichten wie Bratwürste, Gögerla und Kotelett. Rein pflanzlich sind hier leider nur das ungespundete Lager, das Räuschla, das Hefeweizen und das dunkle Landbier – allesamt aus der eigenen Brauerei.

Telefon: 09505 267

Rungnapha

Anschrift: Pödeldorfer Straße 4, 96123 Litzendorf (Schammelsdorf)
Lage: Schöner Garten neben einem fränkischen Fachwerkhaus, in dem sich die Gasträume befinden.
Essen und Trinken: Gute thailändische Küche. Frische Zutaten, keine Geschmacksverstärker. Auf Nachfrage wird gerne auch etwas Veganes zubereitet. Auf der umfangreichen Speisekarte finden sich sogar ein paar deutsche Gerichte.
Telefon: 09505 807600
Internet: www.rungnapha.de

Höhnskeller

Anschrift: Meedensdorfer Straße, 96117 Memmelsdorf
Lage: Reizvoller, seit über 200 Jahren bestehender Bierkeller unter denkmalgeschützten Linden, Eichen und Kastanien. Bei Regen ist im Kellerhaus für 30 Personen Platz.
Essen und Trinken: Typische fränkische Brotzeiten, aber auch warme Gerichte wie Schnitzel und Flammkuchen und sogar Veganes wie Currywurst und Falafel. Biere von der Brauerei Höhn im Ort.
Telefon: 0951 406140
Internet: hotel-gasthof-hoehn.de/bierkeller

Brauereigasthof Drei Kronen

Anschrift: Hauptstraße 19, 96117 Memmelsdorf
Lage: Im Innenhof des Brauereigasthofs sitzt man trotz der zentralen Lage im Ort ruhig und angenehm. Sonnige Plätze wie auch Schatten unter Schirmen.
Essen und Trinken: Große Karte mit Brotzeiten und warmen Gerichten wie Braumeisterschnitzel, Schäufele und gebackener Karpfen. Es werden immer auch mehrere pflanzliche (vegetarische) Gerichte wie Sellerieschnitzel, Maronenkräpfla und Linsenküchla mit Karottengemüse angeboten. Frisch gezapft ins Glas kommen das Rauchbier Stöffla, die Helle Lotte, das 1757-Lager und Saisonbiere – allesamt aus der eigenen Brauerei.
Telefon: 0951 944330
Internet: www.drei-kronen.de

Zum Staffelberg und zum Veitsberg

Biergärten alle drei Kilometer

Bad Staffelstein – Staffelberg – Loffeld – Morgenbühl – Haus am Dornig – Sträublingshof – Veitsberg (Ansberg) - Dittersbrunn – Prächting – Ebensfeld

Weglänge: 17 km
Aufstieg / Abstieg: 460 hm / 470 hm
Reine Gehzeit: 5 Stunden
Start: Bahnhof Bad Staffelstein an der Strecke Bamberg – Hof.
Ziel: Bahnhof Ebensfeld an der Strecke Bamberg – Hof.
Gelände: Wenig Wald, oft aussichtsreich durch anmutige Berg- und Hügellandschaft. Etwas Kondition ist nötig, da zum Staffelberg eine Höhendifferenz von 270 m überwunden werden muss und hinter Loffeld ein weiterer Anstieg von 150 m folgt.
Empfohlene Jahreszeit: Nicht an sehr heißen Tagen. Besonders schön im Frühling und Frühsommer.
Karte: Coburger Land – Oberes Maintal – Bamberg, UK50-3, 1:50 000 von Landesamt für Digitalisierung, Breitband und Vermessung Bayern
Sehenswertes:
Bad Staffelstein: Viele Fachwerkhäuser, besonders reich ausgestattet ist das 1684 nach einem Brand wieder aufgebaute Rathaus mit uhrengeschmücktem Zwerchhaus und großem Portal. Gotische Pfarrkirche mit barocker Ausstattung und außen ein 1724 eingebautes Ölberggehäuse. Teile der Stadtmauer und der Bamberger Torturm sind erhalten.
Staffelberg: Hoch über dem Maintal gelegener Aussichtsberg. Er ist seit dem 5. vorchristlichen Jahrhundert befestigt und zwar im eigentlichen Gipfelbereich (rekonstruierte Wallmauer) und auf der darunterliegenden Hochfläche (Oppidum Menosgada). Die Wallfahrtskapelle St. Adelgundis von 1653 befindet sich in der Mitte des Bergplateaus.
Veitskapelle: Auf dem Ansberg (auch Veitsberg genannt) steht anstelle einer früheren Burg die 1719 errichtete kleine Kirche mit schönem Hochaltar. Umgeben ist die Kapelle von alten Bäumen, die den größten Lindenkranz Europas bilden.

12

Wenn wir von Bad Staffelstein auf dem interessanten Naturlehrpfad von Westen her zum Staffelberg emporsteigen, liegen vor uns die steilen Felsbastionen des Gipfels. Wir ahnen bereits, welch schöne Aussicht ins Maintal wir haben werden. Wie aus der Vogelschau blicken wir dann vom Berg auf Staffelstein und Lichtenfels, zum Kloster Banz und zur Basilika Vierzehnheiligen. Der Wunsch Viktor von Scheffels in seinem Staffelberglied „Ich wollt', mir wüchsen Flügel" ist gut zu verstehen. An klaren Tagen schauen wir bis zur Veste Coburg, zum Thüringer Wald und zu den

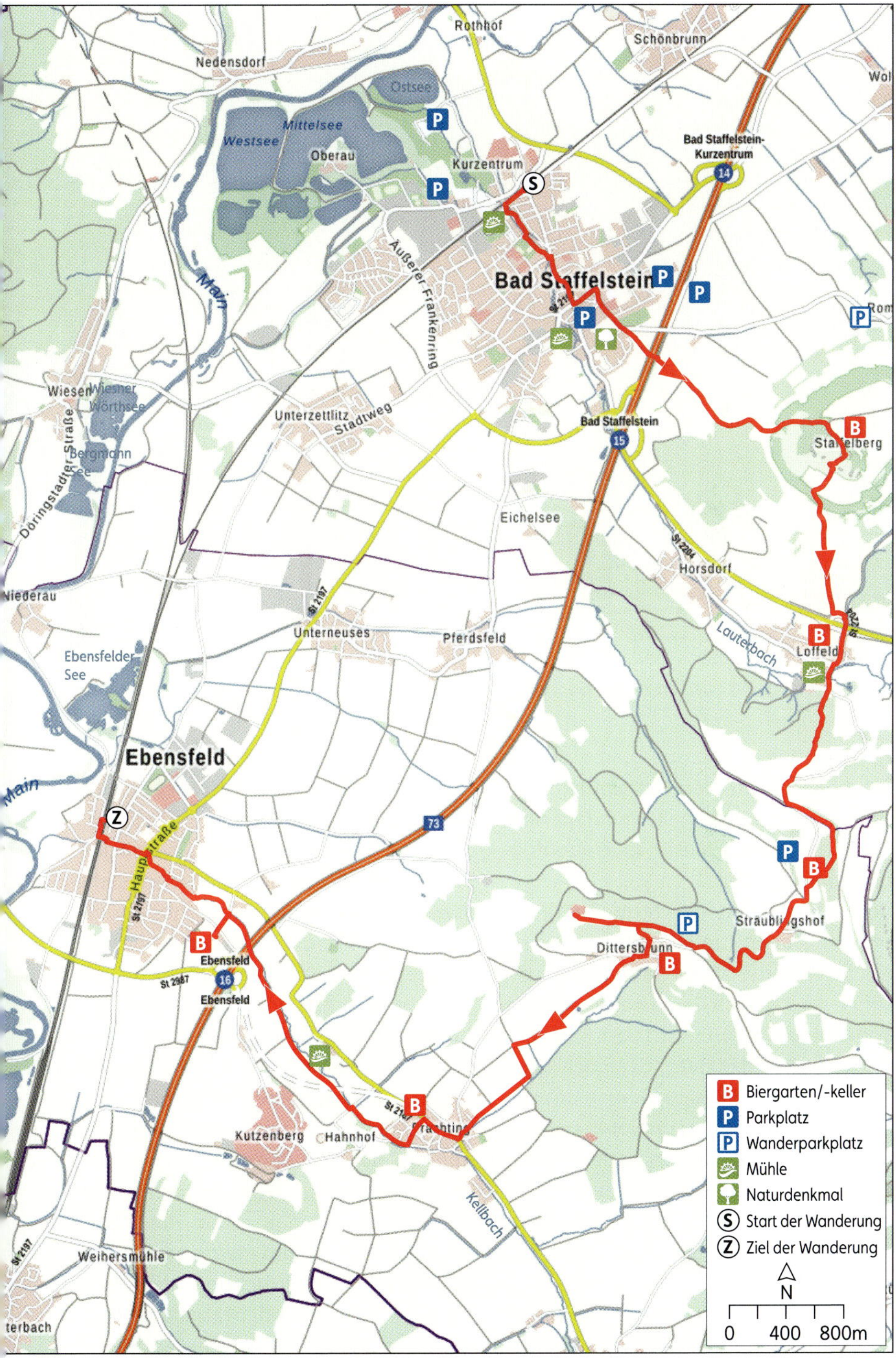
Rothhof
Schönbrunn
Nedensdorf
Ostsee
Mittelsee
Westsee
Oberau
Kurzentrum
Bad Staffelstein-Kurzentrum
14
Main
Außerer Frankenring
Wiesen
Wiesner Wörthsee
Bergmann See
Döringstadter Straße
Unterzettlitz
Stadtweg
Bad Staffelstein
15
Eichelsee
St 2204
Horsdorf
Lauterbach
Loffeld
Niederau
St 2197
Unterneuses
Pferdsfeld
Ebensfelder See
Ebensfeld
Main
Hauptstraße
73
Ebensfeld
16
St 2987
Kutzenberg
Hahnhof
Kellbach
Weihersmühle
B Biergarten/-keller
P Parkplatz
P Wanderparkplatz
Mühle
Naturdenkmal
S Start der Wanderung
Z Ziel der Wanderung
N
0 400 800m

Beeindruckend sind auch im Winter die steilen Felsabstürze an der Südwestseite des Staffelbergs.

12

Höhenzügen um Bamberg. In südlicher Richtung liegen der Ort Loffeld und dahinter die Veitskapelle auf dem Ansberg, die wir auf dieser Tour ebenfalls besuchen werden.
Von Süden wirkt der Staffelberg mit seinem breiten Gipfelbereich und dem Kirchlein in der Mitte ganz anders. So sehen wir ihn nach dem zweiten Anstieg vom Morgenbühl. Es wird dem Betrachter klar, dass der Berg, der nach allen Seiten steil abfällt, sich für eine Besiedlung und Befestigung anbieten musste. Sie erfolgte schon in vorgeschichtlicher Zeit. Innerhalb der Umwallung auf der weiten Hochfläche unterhalb des Bergs konnte eine gewaltige Menschenmenge Zuflucht finden.
Auf dem Staffelberg wurde schon im Mittelalter eine Kapelle zu Ehren der heiligen Adelgundis errichtet. Wie so oft bei Bergkapellen entwickelte sich eine Wallfahrt. Nach dem Staffelberglied Scheffels steigen wir „Zum Heiligen Veit von Staffelstein" empor. Doch steht die dem heiligen Veit geweihte Kapelle in Wahrheit auf dem benachbarten Ansberg (Veitsberg). Freilich hat Scheffel dies gewusst, doch wäre mit Adelgundis im Text kein brauchbarer Vers zustande gekommen. Wir können es dem Dichter verzeihen. Nicht geirrt hat sich Scheffel bezüglich des „Einsiedelmanns" auf dem Berg. Ein solcher Eremit lebte dort zur Betreuung der Kirche seit frühen Zeiten in einem Häuschen. Man konnte bei ihm etwas gegen den Durst erhalten. Nachdem Scheffels Lied in Deutschland bekannt geworden war, setzte ein Tourismusboom am

Staffelberg ein. Der Klausner war dem Ansturm der Hungrigen und Durstigen nicht mehr gewachsen. Heute gibt es bei der Versorgung mit Speis und Trank in der zu einem Gasthaus umgebauten, ehemaligen Einsiedelei keine Probleme mehr.

Der Abstieg vom Staffelberg hinunter ins Lautertal ist in mehrfacher Hinsicht interessant. Wie schon beim Anstieg fällt uns der mehrmalige Wechsel von steilem Hang und flach geneigtem Gelände auf. Dies ist eine Folge des geologischen Aufbaus des Bergs mit seinen verschiedenen Gesteinsschichtungen, die unterschiedlich von der Verwitterung angegriffen wurden. Die oberste Gesteinsschicht bilden stark zerklüftete Schwammkalkfelsen, Ablagerungen aus der Zeit des vorgeschichtlichen

Streuobstwiesen zwischen Staffelberg und Loffeld.

Jurameeres. Bergab folgt eine flachere Geländestufe, die von den oberen Mergelkalken gebildet wird. Dann wird im Bereich des harten Werkkalkes das Gelände wieder steil, um in der anschließenden Ornatentonschicht wieder flacher zu werden. Absteigend verlassen wir dann den Bereich des Weißen Jura und gelangen in die Zone des gelblich bis rotbraun gefärbten Eisensandsteins.

Der Bewuchs der trockenen Südhänge ist von der Geländeform abhängig. In den Steilstufen ist landwirtschaftliche Nutzung nicht möglich, hier wachsen Kiefern und Buchen, unter denen teilweise Orchideen im Unterholz zu finden sind. In den flacheren Geländebereichen bewundern wir schöne Heckenreihen und artenreiche Wiesen, die Anfang April bereits mit Veilchen und Schlüsselblumen geschmückt sind. Später im Juni ergeben Blutstorchschnabel, Kartäusernelken und Wiesensalbei einen bunten Blütenteppich. Im untersten Bereich ist es zur Zeit der Obstbaumblüte besonders schön. Auch jenseits des Lautertals beim Anstieg zum Morgenbühl ist die Natur noch weitgehend intakt. Hier blühen im April und Mai Kirsch-, Apfel- und Birnbäume in großer Zahl.

Beim Hummel in Prächting gibt's Bier vom Wagner in Merkendorf.

Zu gemütlicher Rast im Freien ist auf dieser Wanderung reichlich Gelegenheit geboten. Wir können wählen, ob wir auf dem Staffelberg, in Loffeld, am Dornig, in Dittersbrunn, in Prächting oder vor den Toren von Ebensfeld einkehren wollen. Aufgrund der vielen schönen Ausblicke und Sitzmöglichkeiten unterwegs – etwa auf dem Staffelberg, am Morgenbühl oder auf dem Veitsberg – bietet es sich auch an, ein Picknick mitzunehmen und in einem der Biergärten nur etwas zu trinken.

Wegbeschreibung

Vom Bahnhof in Bad Staffelstein folgen wir der Bahnhofstraße stadteinwärts (oder wir gehen zunächst über Parkplätze neben den Bahngleisen Richtung Bamberg bis zur Lauter und dann links an dem Bach entlang ins Ortszentrum). Am Marktplatz und am Rathaus biegen wir links in die Lichtenfelser Straße ein. Diese wird 200 m später nach rechts verlassen. Die Viktor-von-Scheffel-Straße bringt uns an einen Parkplatz am Friedhof.

Wir verlassen die Straße geradeaus auf einem Fahrweg. Nach einer Brücke über die Autobahn 73 beginnt der Anstieg. Der 7-Flüsse-Wanderweg (und andere Markierungen) führt uns an alten Linden und einem Kriegerdenkmal vorbei, durch ein keltisches Zangentor, zum Viktor-von-Scheffel-Denkmal und schließlich auf den Staffelberg. Das Hochplateau hat einiges zu bieten: die Staffelbergklause, die Adelgundiskapelle, die Querkelhöhle, Gipfelfelsen, Ausblicke in alle Himmelsrichtungen sowie reichlich Fauna und Flora.

Zum Weiterweg begeben wir uns in Höhe der Kapelle zur Mitte des südlichen Plateaurands. Wir orientieren uns wieder an den Markierungen des 7-Flüsse-Wanderwegs, die uns stetig bergab, dann unter die Staatsstraße 2204 hindurch und nach Loffeld hinein führen. Bei der Kapelle wird die Lauter überquert. Die Brauereigaststätte liegt 200 m rechts von hier. Unsere

Staffelbergblick von der Veitskapelle aus.

Den Staffelberg muss man gesehen und bestiegen haben.

12

Hauptroute folgt geradeaus weiter dem 7-Flüsse-Wanderweg. Wir verlassen Loffeld, steigen im Wald zum aussichtsreichen Hügel Morgenbühl auf und spazieren hinüber zum Haus am Dornig.

Auf Asphalt wird der Weiler Sträublingshof durchquert. Nach einem Waldstück sehen wir die ersten Häuser von Dittersbrunn. Ehe wir das Dorf betreten, sollten wir rechts den kurzen Abstecher zum größten Lindenkranz Europas auf dem Veitsberg machen.

Wir sind noch immer auf dem 7-Flüsse-Wanderweg. In Dittersbrunn biegen wir bei der ersten Gelegenheit links ab, halten uns dann rechts und weniger später links. Das Gasthaus zum Veitsberg wird passiert. Wir verlassen den Ort und wandern hinab nach Prächting. An der Hauptstraße geht es rechts weiter. Nach 100 m verschwinden die Markierungen, wir bleiben noch 200 m auf der Hauptstraße, bis wir links den Gasthof Hummel erreichen.

Der Hummelsweg mündet in die Hanstraße. Dieser folgen wir nach rechts. Am Ortsende überqueren wir nicht den Kellbach mit der Straße, sondern wählen geradeaus den Fahrweg neben dem Bach. Erst 350 m später wird das Flüsschen nach links überquert. Wir folgen weiter dem breiten Weg im Talgrund. 250 m nach Unterquerung der Autobahn 73, gelangen wir an ein querendes Sträßchen. Links ginge es zum bereits sichtbaren Engelhardt's Keller. Um zum Bahnhof in Ebensfeld zu gelangen, bleiben wir einfach immer neben dem Kellbach, zumeist auf Fußwegen, im Ortszentrum auch asphaltiert.

Staffelberg-Klause

Anschrift: Auf dem Staffelberg, 96231 Bad Staffelstein

Lage: Biergarnituren beiderseits der Kapelle (besonders schön an der Ostseite unter alten Linden und Kastanien) und Terrasse neben der Klause mit Blick nach Vierzehnheiligen.

Essen und Trinken: Es gibt Brotzeiten und eine kleine Auswahl an warme Gerichte wie Bratwürste (mit oder ohne Sauerkraut) und Ripple. Auch die hausgebackenen Kuchen (im Frühjahr etwa mit Rhabarber, im Herbst mit Zwetschgen) erfreuen sich großer Beliebtheit. Kellerbier und Pils kommen vom St. Georgenbräu in Buttenheim, das Hefeweizen von Staffelberg-Bräu in Loffeld.

Telefon: 09573 5437

Brauereigaststätte Bräustübl

Anschrift: Mühlteich 7, 96231 Bad Staffelstein (Loffeld)

Lage: Trotz Dorflage sitzt man an den Biergarnituren vor dem wunderschön renovierten Fachwerkhaus recht ruhig. Am Wochenende ist es bei gutem Wetter oft schwierig, einen Platz zu finden.

Essen und Trinken: Große Auswahl an kalten und warmen Gerichten der deftigen, fränkischen Küche. Brotzeiten, Schäufele mit Klößen, Wildgerichte, frische Fische und mehr. Erfreulich: Die Bratwürste mit Sauerkraut und Brot gibt's mittlerweile auch als vegane Variante. Ins Glas kommen die Biere von Staffelberg-Bräu, die gleich nebenan gebraut werden.

Telefon: 09573 5925

Internet: www.staffelberg-braeu.de

Haus am Dornig

12

Anschrift: Sträublingshof 6, 96250 Ebensfeld

Lage: Schöne ruhige Lage am Berghang des Dornig. Baumschatten wie auch sonnige Plätze.

Essen und Trinken: Einfache Gerichte, etwa Salate, Bratwürste mit Kraut, Currywurst sowie gebackener Camembert. Die Biere kommen von Püls-Bräu in Weismain.

Telefon: 09573 6555

Gasthaus zum Veitsberg

Anschrift: Dittersbrunn 10, 96250 Ebensfeld

Lage: Der Biergarten befindet sich in ruhiger dörflicher Lage. Am Haus sitzt man in der Sonne, auf der gegenüberliegenden Seite gibt es Schatten unter alten Bäumen.

Essen und Trinken: Fränkische Brotzeiten und deutsche Fleischküche. Hausgebackene Kuchen. Die Biere stammen vom Ebensfelder Brauhaus.

Telefon: 09573 6419

Internet: gasthaus-zum-veitsberg.de

Landgasthof Hummel

Anschrift: Prächtinger Hauptstraße 6, 96250 Ebensfeld (Prächting)

Lage: Der große Biergarten liegt sehr ruhig hinter dem Gasthof. Große Kastanien spenden Schatten.

Essen und Trinken: Fränkische Brotzeiten sowie eine kleine Auswahl an warmen Fleischgerichten. Das gut gehopfte Lagerbier stammt von der Brauerei Wagner in Merkendorf, ebenso das Pils, das Dunkle und das Hefeweizen.

Telefon: 09573 3033

Internet: www.landgasthof-hummel.de

Engelhardt's Keller

Anschrift: Kellerstraße 50, 96250 Ebensfeld

Lage: Der Engelhardtskeller liegt am Ortsrand und ist einer der wenigen noch bestehenden echten Bierkellern im Oberen Maintal. Man sitzt unter Linden überwiegend schattig oder sonniger vor dem Kellerhaus. Die nahe Autobahn ist normalerweise nicht zu hören.

Essen und Trinken: Fränkische Brotzeiten und warme Gerichte, etwa Bratwürste, Schnitzel, Steaks und Pizza. Auch ein veganer Aufstrich mit Tomaten und Brot steht auf der Karte. Ausgeschenkt werden die Biere vom Ebensfelder Brauhaus, darunter die nur hier zu bekommende „Kellerliebe".

Telefon: 09573 1543

Internet: www.engelhardts-keller.de

Auf Pilgerwegen zum Kloster Banz und zur Basilika Vierzehnheiligen

Einkehr in sechs Biergärten

Bad Staffelstein – Kurpark – Riedsee – Kloster Banz – Wasserkraftwerk Obermain – Grundfeld – Vierzehnheiligen – Viktor-von-Scheffel-Blick – Mistelfeld – Eiserne Hand – Karolinenhöhe – Bahnhof Michelau in Oberfranken

Weglänge: 21 km
Aufstieg / Abstieg: 540 hm / 530 hm
Reine Gehzeit: 6 Stunden
Start: Bahnhof Bad Staffelstein an der Strecke Bamberg – Hof.
Ziel: Bahnhof Michelau (Oberfranken) an der Strecke Bamberg – Hof.
Gelände: Abwechslungsreiche Wanderung durch landwirtschaftlich genutztes Gebiet, über Wiesen und durch Wald. Im Maintal teilweise befestigte Wege und Sträßchen. Mehrere prächtige Ausblicke. Am Viktor-von-Scheffel-Blick ist Vorsicht geboten, denn der Pfad ist schmal und der Abgrund tief. Wegen der Länge und der drei An- und Abstiege sind zudem Kondition und Durchhaltevermögen gefragt.
Empfohlene Jahreszeit: Nicht an zu heißen Tagen, sonst zu jeder Jahreszeit schön.
Karte: Coburger Land – Oberes Maintal – Bamberg, UK50-3, 1:50 000 von Landesamt für Digitalisierung, Breitband und Vermessung Bayern
Sehenswertes:
Bad Staffelstein: Siehe Wanderung 12
Kloster Banz: Bereits 1071 wurde auf dem Banzberg das erste Benediktinerkloster gegründet. Der Bau der jetzigen gewaltigen Anlage wurde im Jahr 1698 begonnen. Die Bauzeit erstreckte sich bis 1755. Hauptarchitekt war Leonhard Dientzenhofer. Die hoch über dem Maintal gelegene, weithin sichtbare Klosterkirche erbaute dessen Bruder Johann Dientzenhofer in den Jahren 1710 bis 1713. Später waren noch die Stararchitekten Balthasar Neumann und Michael Küchel an der Gestaltung der Klosteranlage beteiligt. Im Zuge der Säkularisation wurde das Kloster aufgelöst. Herzog Wilhelm von Bayern erwarb im Jahr 1814 die Anlage als Sommerresidenz. Neben der Gesamtanlage und den Festsälen ist vor allem die Klosterkirche (meist nur beschränkt zugänglich) von kunsthistorischen Interesse.
Basilika Vierzehnheiligen: Die durch den Bamberger Fürstbischof Friedrich Karl von Schönborn an den bambergisch-würzburgischen Baudirektor Balthasar Neumann in Auftrag gegebene Wallfahrtskirche gilt als eine der großartigsten Raumschöpfungen des 18. Jahrhunderts. Der große Gnadenaltar als das zentrale Heiligtum der Wallfahrt steht nicht wie ursprünglich geplant in der Vierung, sondern in einem großen Oval im Längsschiff. Neuartig an dem wichtigen Alterswerk Neumanns ist die Verbindung von geraden Außenmauern mit bewegten Formen mehrerer Ovale im Inneren.

Biergarten/-keller
Parkplatz
Wanderparkplatz
Mühle
Naturdenkmal
Start der Wanderung
Ziel der Wanderung
N
0 400 800m
Michelau i.OFr.
Krappenroth
Degendorf
Trieb
73
Main
Schney
Lichtenfels
Seubelsdorf
Leuchsenbach
Mistelfeld
Klosterlangheim
Vierzehnheiligen
Grundfeld
Wolfsdorf
Romansthal
Köstен
Lichtenfels-Nord
Lichtenfels
Reundorf
Schönsreuth
Weingarten
Stetten
Untersiemau
11
Tiefenroth
Hausen
Neubanz
Unnersdorf
Schönbrunner See
Schönbrunn
Bad Staffelstein-Kurzentrum
14
Bad Staffelstein
Ost-See
Mittel-See

Die Gradierwerke im Kurpark in Bad Staffelstein laden zu einer ersten Rast ein.

Auf dieser relativ anstrengenden Tagestour lernen wir die beiden großartigen Kunstperlen des Obermainlands kennen, zum einen die ehemalige Benediktinerabtei Kloster Banz, zum anderen die Wallfahrtsbasilika Vierzehnheiligen.

Da die beiden Perlen auf den gegenüberliegenden Mainseiten liegen, müssen wir auf der ersten Hälfte der Tour einige asphaltierte Wegstücke sowie vereinzelt Lärm durch den Straßenverkehr in Kauf nehmen. Besonders erschreckend ist, dass zwischen Vierzehnheiligen und Kloster Banz die Autobahn von Bamberg nach Thüringen hineingebaut wurde. Wir leben im Anthropozän, dem Zeitalter gigantischer, menschengemachter Erdzerstörung.

Aber keine Sorge, die 21 km bieten mehr als zwei Gotteshäuser und führen zumeist durch abwechslungsrei-

Der Haupteingang der Wallfahrtsbasilika Vierzehnheiligen.

13

che, naturnahe Landschaften. Schon kurz nach dem Start laden zwei große Gradierwerke im Sommerhalbjahr mit ihrer gesunden Luft zum Verweilen ein. Im Anstieg zum Kloster Banz begeistern die Ausblicke ins Maintal und hinüber zur Basilika Vierzehnheiligen. Nach Besichtigung des lichtdurchfluteten Innenraums der Basilika können wir bei und vor dem Gasthof Goldener Hirsch. Wir sollten es vielleicht bei einer Halben belassen, denn im Anschluss steigen wir zum Viktor-von-Scheffel-Blick auf. Dort steht man an der Abbruchkante der Hohen Eller und schaut zurück zur Basilika, hinüber zum Staffelberg, hinab ins Maintal und sogar bis nach Kloster Banz. Ein einmalig schöner Rastplatz!

Auch im Winter ist der Viktor-von-Scheffel-Blick ein lohnendes Ziel.

einem Nothelfertrunk neue Kräfte sammeln. Der Name geht auf die vierzehn Nothelfer zurück, die in vielen künstlerischen Darstellungen und als Statuen auch in dem Gotteshaus zu sehen sind. Das dunkelbraune bis schwarze Bier (und andere Sorten) gibt es hier im Biergarten der Brauerei Trunk sowie im

Der Weiterweg bis zum Tagesziel führt uns auf ruhigen Wegen durch Wald und Flur. Nach dem Langheimer Klosterwald gelangen wir zu einem ehemaligen Langheimer Gutshof, der nach der Auflösung des Klosters Langheim (das nicht an unserer Route liegt) ein Gasthaus wurde. Diesem hat die bayerische

Durch Flur und Wald Kloster Banz entgegen.

Königin Karoline von Baden, die hier übernachtete, 1823 das Recht verliehen, ihren Namen zu führen. Heute können wir im Garten des Landgasthofs Karolinenhöhe eine letzte Rast einlegen, eher wir den kurzen Abstieg zum Bahnhof Michelau angehen.

An den Wallfahrtswegen findet man häufig Bildstöcke mit dem Motiv der 14 Heiligen und dem Jesuskind.

Wegbeschreibung

Am Bahnhof Bad Staffelstein gehen wir durch die Fußgängerunterführung Richtung Obermain Therme, also nicht stadteinwärts. Die Straße Am Kurpark wird überquert, kurz danach die Lauter auf einer Brücke für Fußgänger. Nachdem wir den Eingang der Obermain Therme passiert haben, biegen wir rechts ab. Im Kurpark lädt die gute Luft an den beiden beeindruckenden Gradierwerken zu einer ersten Pause ein. Im Anschluss halten wir uns leicht links, verlas-

sen den Kurpark und gelangen an den Riedsee. Gleich links befindet sich die Riedseehütte.
Es geht rechts am Seeufer weiter. Wir kommen an einem kleinen Hafen mit Segelbooten vorbei, behalten in etwa die Richtung bei und erreichen einen etwas breiteren Fahrweg mit hellem Untergrund. Diesem folgen wir nach rechts. Linker Hand befindet sich der Main, rechter Hand der Ostsee. Nach einer Rechtskurve treffen wir auf ein Sträßchen, das uns links über die Lauter bringt. Direkt danach verlassen wir es wieder links in einen Feldweg. 500 m später sind wir an der Staatsstraße 2204. Sie führt uns über den Main und nach Unnersdorf hinein. Bis zum Kloster Banz orientieren wir uns an dem „Blauen M" des Mainwegs. Die Markierungen führen uns nach rechts in die Straße Am Main, an deren Ende auf einem Waldpfad in die Flur hinauf, über die Kreisstraße LIF 7 und schließlich am Waldrand mit schönen Ausblicken aufs Obermaintal und durch den Wald hinauf vor das ehemalige Kloster Banz. Betreten können wir es entweder von Südwesten her durch eine meist offene Tür in der Mauer oder weiter dem „Blauen M" folgend von Norden her durch das Haupttor. Nach Besichtigung des Geländes und der Klosterkirche könnten wir vom Parkplatz 300 m zur

Wir erreichen das ehemalige Benediktinerkloster Banz von Südwesten her.

Waldschänke am Klettergarten Banz aufsteigen.
Für den Weiterweg gehen wir beim Parkplatz auf der Kreisstraße Richtung Norden und nach wenigen Schritten rechts auf einen Weg in den Wald hinein. Wir können uns bis zur Basilika Vierzehnheiligen an den Schildchen des Fränkische Marienwegs halten. Sie führen uns bergab bis an den Main, rechts auf der Kreisstraße LIF 7 nach Hausen hinein, links auf dem Wehr des Wasserkraftwerks Obermain über den Fluss und an zwei Seen vorbei. Die Autobahn 73 wird überquert. Wenig später sind wir bereits in Grundfeld. Hier können wir entweder dem Fränkischen Gebirgsweg folgen. Oder etwas schöner nach der Grundschule rechts in die Dorfstraße und 150 m später rechts in die Schönthalstraße abbiegen, ab dem Ortsende für 500 m dem Fahrweg am Bach folgen und dann links zur Kreisstraße LIF 7 gehen, wo unsere Mar-

Blick zurück auf die Basilika Vierzehnheiligen (und das Kloster Banz im Hintergrund).

13

Es duftet nach Bärlauch.

kierung wieder von links dazukommt. Nach einem kurzen Anstieg werden der Gasthof Goldener Hirsch, die Basilika Vierzehnheiligen und die Brauerei Trunk erreicht, die allesamt nah beieinander liegen.

Nach der Brauerei folgen wir dem Sträßchen noch wenige Schritte bergan und biegen dann bei einem Kruzifix links in einen breiten Weg ein. Nach 40 m gehts es rechts auf einem Fußweg weiter, der am Hang mit schönen Aus- und Rückblicken ansteigt. Wir befinden uns nun auf dem Gottesgartenrundweg Süd, der mit einer blauen Kirchensilhouette auf gelbem Hintergrund symbolisiert ist. Die Schildchen leiten uns sicher durch waldiges Terrain hinauf zum Viktor-von-Scheffel-Blick. Sowohl die Lage als auch die Aussicht sind spektakulär.

Wir verlassen den Gottesgartenrundweg Süd nun in östliche Richtung, bewegen uns also von der Abbruchkante weg. Der Waldpfad mündet nach nicht mal 100 m in eine Querweg mit verschiedenen Markierungen. Hier halten wir uns rechts. Wir folgen nun dem „Blauen M" des Mainwegs. Auf den nächsten 3 km bis Mistelfeld geht es meist im Wald fast stetig, aber kaum steil bergab. Der Landgasthof Fischer liegt in der Ortsmitte direkt an der Route.

Die Markierungen führen uns über die Staatsstraße 2203, aus Mistelfeld hinaus, zurück in den Wald und hinauf zur Eisernen Hand, wo sechs Wege zusammentreffen. Der Mainweg verlässt uns hier nach rechts. Wir hingegen halten noch für 2,5 km auf sanft absteigenden Waldwegen- und Forststraßen die Richtung bei. Dann geht es am Waldrand und zwischen Feldern bis an eine Landstraße unweit des Orts Trieb. Wir halten uns links und stehen nach weni-

gen Schritte vor dem Landgasthof Karolinenhöhe.
Gleich nach dem Landgasthof rechts in einen Fahrweg. Es geht noch mal für 1,3 km zwischen Feldern und Waldstücken dahin. Wir gelangen an die Bundesstraße 173 / 289, überqueren sie vorsichtig und folgen geradeaus der Bahnhofstraße bis an unser Tagesziel.

Riedseehütte

Anschrift: 96231 Bad Staffelstein, am Riedsee

Lage: Die vom Sportanglerclub Bad Staffelstein ehrenamtlich bewirtschaftete Riedseehütte ist für jedermann zugänglich. Man sitzt an Biergarnituren und genießt den Blick auf den See.

Essen und Trinken: Eingeschränktes Speiseangebot. Meist bekommt man nur Brotzeiten, zuweilen auch frisch geräucherte Forellen und Kuchen. Ausgeschenkt wird das Landbier der Brauerei Hetzel in Frauendorf.

Telefon: 09573 34731

Waldschänke

Anschrift: 96231 Bad Staffelstein, oberhalb von Kloster Banz

Lage: An der Waldschänke sitzt man ruhig in der Sonne oder unter altem Baumbestand. Schöner Blick auf die Klosteranlage Banz und das Maintal.

Essen und Trinken: Kleine Gerichte wie Bratwürste und Currywurst. Kaffee und Kuchen. Biere vom Herzoglich Bayerischen Brauhaus Tegernsee und von wechselnden Brauereien Oberfrankens.

Telefon: 09573 222570

13

Gasthof Goldener Hirsch

Anschrift: Vierzehnheiligen 7, 96231 Bad Staffelstein

Lage: Beliebter Biergarten mit schattigen wie sonnigen Plätzen. Man blickt auf die Schieferfassade des neu renovierten Gasthauses und/oder auf die beeindruckende Basilika.

Essen und Trinken: Große Karte mit fränkische Brotzeiten und warmen Gerichten wie Schäufela, Sauerbraten, Pfannenschnitzel, Rindfleisch mit Kren und gebackene Forellen. Es gibt auch immer mindestens ein veganes Essen, etwa Kichererbsen-Bratlinge mit Salat. Zudem hausgebackene Kuchen und Torten. Die Biere stammen aus der Nachbarschaft von der Brauerei Trunk.

Telefon: 09571 926474

Internet: www.gasthof.14hl.de

Bräustüberl und Biergarten der Brauerei Trunk

Anschrift: Vierzehnheiligen 3, 96231 Bad Staffelstein

Lage: Vor dem Eingang zur Gaststätte stehen Biergarnituren. Schöner sitzt man in dem teils sonnigen, teils schattigen Garten unterhalb des Brauereigebäudes. An der Hauswand gibt es schon im zeitigen Frühjahr und noch im späten Herbst angenehm sonnige Plätze.

Essen und Trinken: Hier gibt es vor allem Brotzeiten, beispielsweise saure Sülze, weißer und roter Presssack, Obatzter, Käseplatte und Rettichbrot. Ausgeschenkt werden die eigenen Biere. Berühmt ist der tiefdunkle Nothelfertrunk mit hopfenherben Antrunk und malzigem Abgang. Außerdem Pils, Lagerbier, Weißbier und saisonale Biere.

Telefon: 09571 3488

Internet: www.brauerei-trunk.de

Landgasthof Fischer

Anschrift: Mistelweg 17, 96215 Lichtenfels (Mistelfeld)

Lage: Der Biergarten liegt ruhig hinter dem Gasthaus an einer großen Wiese. Sonnige und schattige Plätze. Pavillonartige Holzkonstruktion als Sonnen- und Regenschutz.

Essen und Trinken: Große Karte mit Steaks, Schnitzel, Braten mit Klößen, Bratwürsten und Brotzeiten. Biere von Püls-Bräu in Weismain.

Telefon: 09571 2718

Internet: www.landgasthof-fischer-mistelfeld.de

13

Landgasthof Karolinenhöhe

Anschrift: Karolinenhöhe 1, 96215 Lichtenfels

Lage: Auch wenn der Parkplatz nicht weit vom Gastgarten entfernt ist, sitzt man recht ruhig. Sonnige Plätze vor dem Haus mit schöner Bepflanzung. Schatten unter Schirmen und alten Kastanien.

Essen und Trinken: Fränkische und deutsche Fleischgerichte, gelegentlich auch Wild, zudem Brotzeiten, Salate, Desserts und Kuchen. Die Biere stammen von der Brauerei Wichert in Oberwallenstadt und von der Kulmbacher Brauerei (Mönchshof und Kapuziner).

Telefon: 09574 8495

Internet: www.karolinenhoehe.de

Vom Obermaintal zum Aussichtsberg Kordigast

Biergarteneinkehr im Gasthaus Zur Steinernen Hochzeit

Burgkunstadt – Pfaffendorf – Großer Kordigast – Gasthaus Zur Steinernen Hochzeit – Spiesberg – Strössendorf – Burgkunstadt

Die Gesteinsformation des Jura mit seinen Schwammkalkablagerungen aus dem urzeitlichen Jurameer erstreckt sich vom Schweizer Jura über die Schwäbische Alb bis zur Fränkischen Schweiz und dem nördlichen Frankenjura. Seine Begrenzung im Norden ist das obere Maintal. Die hier das Tal beherrschenden Randberge bestehen in ihren obersten Schichten aus weißem Juragestein, das bei unserer Wanderung auch auf den Feldern („Scherbenäcker") zu sehen ist. Die Erhebungen stellen prächtige Aussichtskanzeln dar. Es sind dies der Staffelberg (siehe Wanderung 12), der nahegelegene Görauer Anger (siehe Wanderung 15) und der (Große) Kordigast. Von letzterem aus genießen wir ein großartiges Panorama und blicken zum Staffelberg, zu den Banzer Bergen, zur Veste Coburg, zum Thüringer Wald und zum Frankenwald. Ganz in der Nähe sehen wir das Maintal mit Kulmbach und der Plassenburg.

Weglänge: 21 km
Aufstieg / Abstieg: 510 hm / 510 hm
Reine Gehzeit: 6 Stunden
Start und Ziel: Bahnhof Burgkunstadt an der Strecke Bamberg – Hof.
Gelände: Relativ lange und anstrengende Tour. Je zur Hälfte Wald und offenes Gelände. Überwiegend nicht befestigte Feld- und Waldwege. Beim teilweise steilen Anstieg zum Großen Kordigast ist ein Höhenunterschied von 230 m zu bewältigen.
Empfohlene Jahreszeit: Vom zeitigen Frühjahr bis zum späten Herbst. Nicht an sehr heißen Tagen.
Karte: Naturpark Fränkische Schweiz – Veldensteiner Forst, nördlicher Teil, UK50-10, 1:50 000 von Landesamt für Digitalisierung, Breitband und Vermessung Bayern oder Oberes Maintal – Coburger Land, Nr. 50, 1:50 000 von Fritsch

Sehenswertes:
Burgkunstadt: Im oberen Ortsbereich prächtiges Fachwerkrathaus und hübscher Marktplatz. Auf der Wanderung wird dieser Ortsteil allerdings nicht berührt.
Pfaffendorf: Kirche mit vorzüglichen Barockaltären und einem spätgotischen Bildstock, der ursprünglich außerhalb der Kirche stand.
Strössendorf: Ansehnliche Vierflügelschlossanlage, zuerst im Besitz der Grafen von Streitberg und danach der von Schaumberg. Der hoch aufragende Bergfried stammt aus dem 13. Jahrhundert. Direkt unterhalb des Schlosses liegt die evangelische Pfarrkirche.

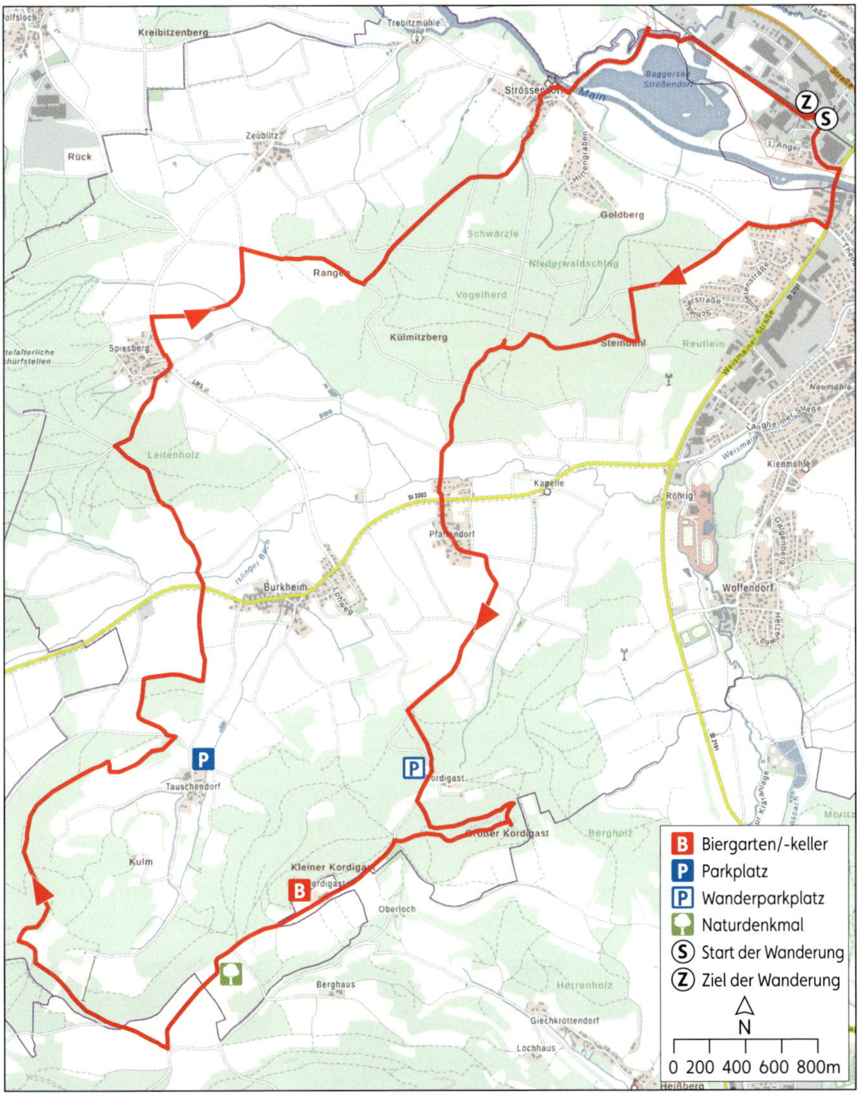

Nach dem Anstieg und der Ausschau vom Gipfel wird uns eine Rast in der Steinernen Hochzeit gut tun.

Das Gasthaus, ein alter Bauernhof, liegt einsam auf der Jurahochfläche. Die Landwirtschaft mit Schweinen, Hühnern, Gänsen und Pferden wird noch ausgeübt. Selbst wenn wir nur etwas trinken, lohnt sich die Einkehr. Im Sommer sitzt man draußen unter Walnussbäumen, schaut dem Betrieb auf dem Hof zu und fühlt sich wohl.

Woher kommt der eigenartige Name Steinerne Hochzeit? Hinter dem Hof erhebt sich der Kleine Kordigast, den man auf einem Abstecher mit leichter Kletterei erklimmen kann, von dem man aber aufgrund des Bewuchs keine

Rückblick ins Maintal beim Anstieg zum Kordigast.

14

Aussicht hat. Die dortige Felsgruppe mit ihren unterschiedlich geformten Steingebilden bezeichnet der Volksmund als „Steinerne Hochzeit". Man kann Bräutigam und Braut erkennen und, wenn man will, auch andere Mitglieder der Hochzeitsgesellschaft.

Der Rückweg führt zunächst über die Hochfläche des Jura. Mehrfach kommen wir an interessanten Wegsäulen

Geflecktes Knabenkraut am Naturstandort (links). Küchenschellen sind Frühlingsboten im April (Mitte). Im März blüht vielerorts im Wald der duftende Seidelbast (rechts).

und Martern vorbei, die von mächtigen Baumgestalten überwölbt sind. Nachdem wir durch Eichen- und Kiefernwald und an blumenreichen Wiesen vorbei den Abstieg zur Straße bei Burkheim bewältigt haben, müssen wir nochmals einen kleinen Anstieg hinter uns bringen. Durch liebliches Acker- und Wiesengelände erreichen wir den Ort Strössendorf mit seiner schönen Schlossanlage. An einem großen See entlang geht es schließlich wieder zum Ausgangspunkt zurück.

Wegbeschreibung

Aus dem Bahnhof Burgkunstadt tretend gehen wir rechts parallel zur Bahnstrecke bis zur Bahnhofstraße. Links wären es knapp 700 m zum historischen Marktplatz. Wir halten uns aber rechts, überqueren die Bahngleise, passieren einen Baumarkt und kom-

Vom Großen Kordigast schweift das Auge weit.

14

Nahe beim Kleinen Kordigast.

men an die große Weismainer Straße. Dieser folgen wir nach rechts über den Main und bis zu einer Kreuzung. Hier halten wir uns rechts. Die Strössendorfer Straße führt uns ans Ortsende an einen Rastplatz mit drei Linden. Wir biegen links ab und wandern zum Wald und in diesen hinein. Die Markierungen des Mainwegs leiten uns 2 km durch den Wald und dann auf einem Sträßchen hinab nach Pfaffendorf.

Im Ort wird die Vorfahrtsstraße überquert und es geht durch die Bebauung bergauf. Im weiteren Anstieg durch die Flur und im Wald orientieren wir uns wieder am Mainweg. Es wird der Parkplatz des Gasthauses Waldfrieden (nur für Gruppen geöffnet) erreicht. Wir bleiben noch 150 m auf dem Sträßchen, halten uns dann halblinks. An einer Wegkreuzung verlässt uns der Mainweg nach rechts. Wir gehen nach links. 500 m später bringt uns rechts der Felsensteig steil hinauf zum Großen Kordigast.

Mit verschiedenen Markierungen wandern wir leicht absteigend auf einem Waldweg, dann auf einem Sträßchen zum Gasthaus Zur Steinernen Hochzeit. Wir folgen dem Sträßchen weiter geradeaus. Rechts könnte man einen Abstecher zu den Felsen Steinerne Hochzeit und auf den Kleinen Kordigast machen. Bei einer Baumgruppe und einer Wegkreuzung biegen wir scharf rechts in einen befestigten Feldweg ein. Bei einem eisernen Kruzifix führt uns ein einfacherer Weg leicht rechts in den Wald. Nach 800 m am Ende einer großen Lichtung geht es rechts auf einem Waldpfad mit der Markierung „4" weiter.

Wir folgen den Wegzeichen zunächst durch den Wald, dann durch die Flur hinab in ein Tal, über eine Landstraße und den Isslinger Bach und wieder bergan. Zurück im Wald wird nach 450 m eine Forststraße erreicht, an der wir uns rechts halten. Nach kurzem Abstieg treffen wir bei den ersten Häusern von Spiesberg auf die Ortsumgehungsstraße. Dieser folgen wir links. Nach 300 m biegen wir rechts in einen gut

Am Weg trifft man auf die unterschiedlichsten Bildstöcke.

Der Kleine Kordigast kann als Abstecher mit leichter Kletterei mitgenommen werden.

Schloss Strössendorf, Sitz alter fränkischer Adelsgeschlechter.

drei Meter breiten Weg ein, der in ein Tälchen hinabführt und dann zu einer Wegkreuzung nahe einer großen Eiche wieder ansteigt. Hier wenden wir uns nach rechts. Es geht am Waldrand entlang, dann an einem Waldeck links in den Wald hinein. Die Markierung „3" führt uns wieder hinab in offenes Gelände und nach Strössendorf hinein.

In der Ortsmitte biegen wir rechts in die Straße Am Schloß ein, gehen geradeaus zum Schloss und steigen über Treppen zur Mainbrücke hinunter. Wir überqueren

Wandern in Franken – was braucht man mehr?

den Fluss und folgen für 550 m einem Gehweg neben der Straße. Direkt vor der Brücke über den Burgkunstadter Mühlbach geht rechts ein befestigter Weg weg. Zu diesem hin steigen wir über die Leitplanke (oder umgehen sie 30 Meter weiter) und gelangen in Gleisnähe zum Bahnhof Burgkunstadt.

Gasthaus Zur Steinernen Hochzeit

Anschrift: Kordigast 15, 96260 Weismain

Lage: Die Wirtschaft liegt einsam auf der Jurahochfläche. Sie gehört zu dem eigenen landwirtschaftlichen Betrieb, aus dem ein Teil der angebotenen Speisen stammen. Innen kleine Gaststube. Im Außenbereich findet man sonnige Plätze an der Hauswand und auf der anderen Seite der kaum befahrenen Straße Schatten unter alten Nussbäumen.

Essen und Trinken: Brotzeiten, Eiergerichte, selbst gebackene Kuchen, sonn- und feiertags auch warme Gerichte. Biere von Püls-Bräu in Weismain. Obstler aus regionaler Erzeugung.

Telefon: 09575 1334

Internet: www.erlebnishof-kordigast.de

Durch das Krassachtal und das Bärental zum Görauer Anger

Einkehr am Beginn und Ende der aussichtsreichen Wanderung

Weismain – Krassach – Krassacher Mühle – Bärental – Görauer Anger – (Zultenberg) – Görauer Anger – Görau – Ruine Niesten – Niesten – Krassach – Weismain

Weglänge: 19 km (ohne Zultenberg 18 km)
Aufstieg / Abstieg: 370 hm / 370 hm
Reine Gehzeit: 5 Stunden
Start und Ziel: Kirchplatz in Weismain. Mit der Bahn bis Burgkunstadt an der Strecke Bamberg – Hof, ab dort Bus 1240 oder Bus 1231 (teilweise als Rufbus) bis Weismain.
Gelände: Schöne Tour im nördlichsten Frankenjura mit Talwegen bei mehreren Mühlen und herrlichen Bergausblicken. Überwiegend auf angenehm zu gehenden Wanderwegen ohne Autoverkehr.
Empfohlene Jahreszeit: Besonders schön im Frühling, Spätsommer und Herbst.
Karte: Naturpark Fränkische Schweiz – Veldensteiner Forst, nördlicher Teil, UK50-10, 1:50 000 von Landesamt für Digitalisierung, Breitband und Vermessung Bayern oder Oberes Maintal – Coburger Land, Nr. 50, 1:50 000 von Fritsch
Sehenswertes:
Weismain: Das durch die Herzöge von Andechs-Meranien gegründete, dann bambergische Landstädtchen hat viel von seinem altertümlichen Charme mit einem Stadttor und wehrhaften Mauern mit Türmchen behalten. Am weiträumigen Marktplatz steht neben Bürgerhäusern aus dem 17. Jahrhundert das Rathaus von 1543. Die Stadtpfarrkirche ist ein dreischiffiger Bau aus dem 15. Jahrhundert und besitzt einen schönen Hochaltar. Am Kirchplatz stehen das Pfarrhaus von 1623 und der ehemalige Kastenhof, erbaut von Johann Leonhard Dientzenhofer.
Görauer Anger: Aussichtsberg mit Fernblick ins Kulmbacher Land und zu den Gipfeln des Fichtelgebirges.
Ruine Niesten: Ehemalige, nur gering erhaltene Stammburg des schon im Mittelalter ausgestorbenen Herrschergeschlechts der Herzöge von Andechs-Meranien in steiler Lage über dem Dorf Niesten.

Am Marktplatz von Weismain.

Baiersdorf
Witzmannsberg
Friedrichsberg
St 2191
Mainecker Forst
Geutenreuth
Weismain
Niestener Straße
Dörfles
Buchau
Niesten
Görau
Krassach
Pöhl
Wüstendorf
Wohnsig
Neudorf
Herbstmühle
Zultenberg
Wunkendorf
Seubersdorf
Modschiedel
St 2190
Azendorf
Biergarten/-keller
Parkplatz
Mühle
Abstecher
Start der Wanderung
Ziel der Wanderung
N
0
400
800m

Ausblick vom Görauer Anger.

15

Der nördlichste Teil des Frankenjura liegt recht abseits der Touristenströme, bietet aber einige hervorragende Wandermöglichkeiten. Die hier beschriebene Tour beginnt und endet in dem altertümlichen Städtchen Weismain. Sie führt uns zunächst durch das reizvolle, vom Straßenverkehr fast gar nicht berührte Krassachtal. Der Weg ist von Haselnusssträuchern eingerahmt. Später bei dem Dorf Krassach wandern wir in Bachnähe durch die offene Tallandschaft. Zwei an der Strecke liegende Mühlen sind hier in ihrem alten Bauzustand erhalten. Nach dem Quelltopf, in dem die Krassach entspringt, geht es im felsenreichen Bärental (man beachte den etwas abseits gelegenen prächtigen Rastplatz) durch Laubwald bergan. Über Ackerflächen ersteigt man den auf der Südseite nur sanft abfallenden Görauer Anger. Nach Norden zieht dieser sich mit steilen Felsabstürzen fast zwei Kilometer lang bis Zultenberg hin. Die Gesteinsformation des Weißen Jura findet hier ihre nördlichste Grenze. Die Aussicht ist grandios. Über das Vorland mit kleinen Dörfern hinweg reicht der Blick ins Maintal mit der Plassenburg und bis zu Ochsenkopf und Schneeberg, den höchsten Gipfeln des Fichtelgebirges wie auch Frankens.

Folgt man dem breiten Schaftriebweg oberhalb des Steilhangs, erreicht man kurz vor Zultenberg bei einer Abflugstelle der Drachenflieger einen weiteren Aussichtspunkt des Görauer Angers, an dem wir das bereits bekannte Panorama aus einem etwas veränderten Blickwinkel genießen können. Den kurzen Abstecher nach Zultenberg hinab können wir uns sparen, es sei denn, die Gastwirtschaft Bärenstübla mit dem prächtigen Ausblick von der Terrasse öffnet eines Tages wieder.

Der Rückweg ist landschaftlich ebenso reizvoll und uns teilweise schon bekannt. Wir wählen die Route über die Burgruine Niesten. Von der alten Meranierstammburg sind zwar nur noch Mauerreste erhalten, doch hat der geschichtsträchtige Platz auf dem steilen Felssporn ein besonderes Flair und lädt zum Verweilen ein. Da die Wanderung nicht gerade kurz ist, haben wir am Ziel in Weismain eine weitere Rast verdient. An der Stadtmauer sitzt man nett und schattig im Biergarten des Wirtshauses Obendorfer. Am Marktplatz finden sich mehrere Cafés sowie das Hotel Alte Post, wo man im Garten mit Blick auf ein Fachwerkrundtürmchen besonders schön sitzt.

Barocke Wegsäule zwischen Weismain und Krassach.

Herbst im Krassachtal.

Wegbeschreibung

Vom Marktplatz in Weismain (Bushaltestelle Kirchplatz) folgen wir der Straße Am Markt an der Kirche St. Martin und dem Wirtshaus Obendorfer vorbei zur Raiffeisenbank. Hier biegen wir rechts in die Straße Burgweg ein. Nach 230 m wird eine Kapelle erreicht. Wir nehmen den Weg, der um ein Haus herumführt und neben anderen Markierungen mit dem Frankenweg gekennzeichnet ist. Auf ebenem Terrain unter hohen Büschen erreichen wir bei einer Bank und einer Wegsäule eine Sträßchen. Diesem folgen wir nach Krassach hinein. Der Frankenweg verlässt uns nach links (hier kommen wir am Rückweg her). Das Dorf wird geradeaus durchschritten.

Nach der Bebauung wandern wir an der Krassach entlang. Kurz vor der Krassacher Mühle geht es nach rechts und auf der anderen Bachseite weiter. Wir behalten stets die Richtung bei, passieren die Herbstmühle und gelangen im Wald an die Krassachquelle. Nun beginnt der Anstieg durch das Bärental, in dem es zahlreiche Felsen zu bewundern und auch Höhlen zu erkunden gibt. Nach einem ebenen Abschnitt kommt von rechts ein breiter Weg hinzu. 30 Meter danach müssen wir links abbiegen (geradeaus wäre es eine Minute zu einem schönen Rastplatz). Ein Wegweiser kündigt bereits den Görauer Anger an.

Am Ende des Waldes wird eine Straße mit kleinem Parkplatz erreicht. An der Straße laufen wir 60 m nach rechts

Die Herbstmühle im lieblichen Krassachtal.

Die Ruine Niesten gewährt uns einen schönen Talblick.

und biegen dann links in einen Feldweg ein. Bei einem Kreuz mit zwei Bäumen folgen wir dem schwächer ausgeprägten rechten Weg. Er führt wieder zu einer Teerstraße, die geradeaus überquert wird. Wir kommen an eine Bank bei einem großen Baum. Hier wird ein breiter Fahrweg überquert. Wir steigen weiter hinauf und erreichen einen breiten geschotterten Weg, der uns nach rechts auf den Görauer Anger bringt. Ein Pfad führt links zu den Aussichtsfelsen und zu Bänken. Würden wir dem breiten Weg am Albrand weiter folgen, kämen wir bald nach Zultenberg. Der Abstecher lohnt, falls die Gastwirtschaft Bärenstübla wieder öffnet.

So oder so gehen wir am Görauer Anger zunächst auf gleichem Weg zurück, behalten dann aber die Richtung bei und gelangen nach einem kurzem Abstieg in das Dorf Görau. Bei der ersten Gabelung

An der Burgruine Niesten fühlen sich auch Ziegen wohl.

im Ort halten wir uns rechts, bei der nächsten Gelegenheit links. Ein Sträßchen führt uns an den Waldrand. Hier biegen wir links in einen Feldweg ab und nach 70 m rechts in einen Pfad, dem sogenannten Felsensteig. Dieser führt uns manchmal etwas zugewachsen, teilweise am Bergkamm entlang, durch schönen Buchenwald bis zur Ruine Niesten. Unterhalb der Burgreste stehen Wegweiser. Wir folgen dem nach Niesten. Auf steinigem Pfad geht es kurz steil hinab an die Ortsstraße (einfacher, aber etwas länger wäre der breite Zugangsweg zur Burgruine auf der Nordseite des Hangs). Das Dorf Niesten wird durchschritten. Nach den letzten Häusern biegen wir links mit den Markierungen des Frankenwegs ab. Diese führen uns über eine Landstraße und nach Krassach hinein. Dort halten wir uns rechts und kehren auf bereits bekannter Route zurück nach Weismain.

Wir kommen an dieser hübschen Kapelle vorbei.

Wirtshaus Obendorfer

Anschrift: Festungsweg 2, 96260 Weismain

Lage: Der Biergarten liegt recht ruhig gegenüber dem schönen Gasthausgebäude unter alten Bäumen nahe der Stadtmauer. Solide Bierbänke und Tische.

Essen und Trinken: Große Karte mit Rumpsteaks in verschiedenen Varianten, Schnitzelgerichte, Rösti, Salaten u. a. Veganer(innen) schauen mal wieder in die Röhre. Die oft gelobte Brauerei Obendorfer besteht seit 1997 nicht mehr, allerdings wird das Obendorfer Pils von Püls-Bräu im Ort nach dem alten Rezept gebraut.

Telefon: 09575 207

Internet: www.wirtshausobendorfer.de

Hotel Alte Post

Anschrift: Am Markt 14, 96260 Weismain

Lage: Die ehemalige Poststation und ein prächtiges Fachwerkhaus bilden das Hotel Post mit dem Café Jahn. Außenplätze am Marktplatz. Noch schöner und ruhiger sitzt man hinten im Gartencafé mit Blick auf ein Fachwerktürmchen und Fachwerkmauern.

Essen und Trinken: Fleischlastiges Speiseangebot mit Wild, Braten, Pfannengerichten, Forellen und mehr. Biere von Püls-Bräu aus dem Ort.

Telefon: 09575 254

Internet: www.hotel-altepost.de

Im ehemaligen Herzogtum Coburg

Einkehr in der Alten Mühle, am Schloss Rosenau, in Rödental und in Coburg

Mönchröden – Waltersdorf – Oberwohlsbach – Park Rosenau – Rödental – Veste Coburg – Coburg

Weglänge: 19 km
Aufstieg / Abstieg: 360 hm / 390 hm
Reine Gehzeit: 5 1/4 Stunden
Start: Bahnhof Mönchröden an der Strecke Nürnberg – Bamberg – Lichtenfels – Coburg – Sonneberg.
Ziel: Bahnhof Coburg.
Gelände: Ein Anstieg gleich zu Beginn, ein zweiter hinter Rödental. Einfaches Terrain, meist auf Forststraßen, Fuß- und Radwegen. Zur Hälfte durch offenes Gelände, zur Hälfte im Wald.
Empfohlene Jahreszeit: Ganzjährig gut möglich, insbesondere auch im Sommer bei Biergartenwetter.
Karte: Coburger Land – Oberes Maintal – Bamberg, UK50-3, 1:50 000 von Landesamt für Digitalisierung, Breitband und Vermessung Bayern
Sehenswertes:
Mönchröden: Ehemaliges Benediktinerkloster mit Refektorium und früherem Abtshaus, das mit einem schönen Kapellenerker geschmückt ist.
Schloss und Park Rosenau: Der Park Rosenau ist ein weitläufiger, nach englischem Vorbild angelegter Landschaftsgarten. Nehmen Sie sich etwas Zeit, es gibt so viel zu entdecken: den Schwanenteich, eine Felsengrotte mit Wasserfall, alten Baumbestand und historische Bänke, das Teehaus (das heute als Parkrestaurant genutzt wird), die ehemalige Orangerie (in der das Europäische Museum für Modernes Glas untergebracht ist) sowie das Schloss Rosenau selbst (Besichtigung im Rahmen einer Führung). Es diente den Coburger Herzögen als Sommerresidenz. Prinz Albert wurde hier 1819 geboren. Er heiratete 1840 die britische Königin Victoria, die in ihrem Tagebuch vom Schloss und dem Park schwärmte: „Wäre ich nicht, was ich bin, so wäre hier mein wahres Zuhause." Weitere Informationen auf www.schloesser-coburg.de.
Veste Coburg: Die Veste steht auf einem nach drei Seiten abfallenden Dolomitfelsen und überragt Coburg um 170 m. Sie zählt zu den größten und am besten erhaltenen mittelalterlichen Burganlagen Deutschlands. Mit einer Ausdehnung von 260 mal 135 m, den mächtigen Bastionen und den spitzen Türmen hat sie sich den Beinamen Fränkische Krone redlich verdient. Die ältesten Teile stammen aus der Zeit um 1200. Im Spätmittelalter wurde ein dreifacher Mauerring hochgezogen, im 16. Jahrhundert erfolgte der Ausbau zur Landesfestung. Die Burg wurde niemals erobert. Im Dreißigjährigen Krieg konnten 800 Verteidiger bis zu 8000 Belagerer monatelang in Schach halten, ehe sie durch einen Verrat doch in kaiserliche Hände

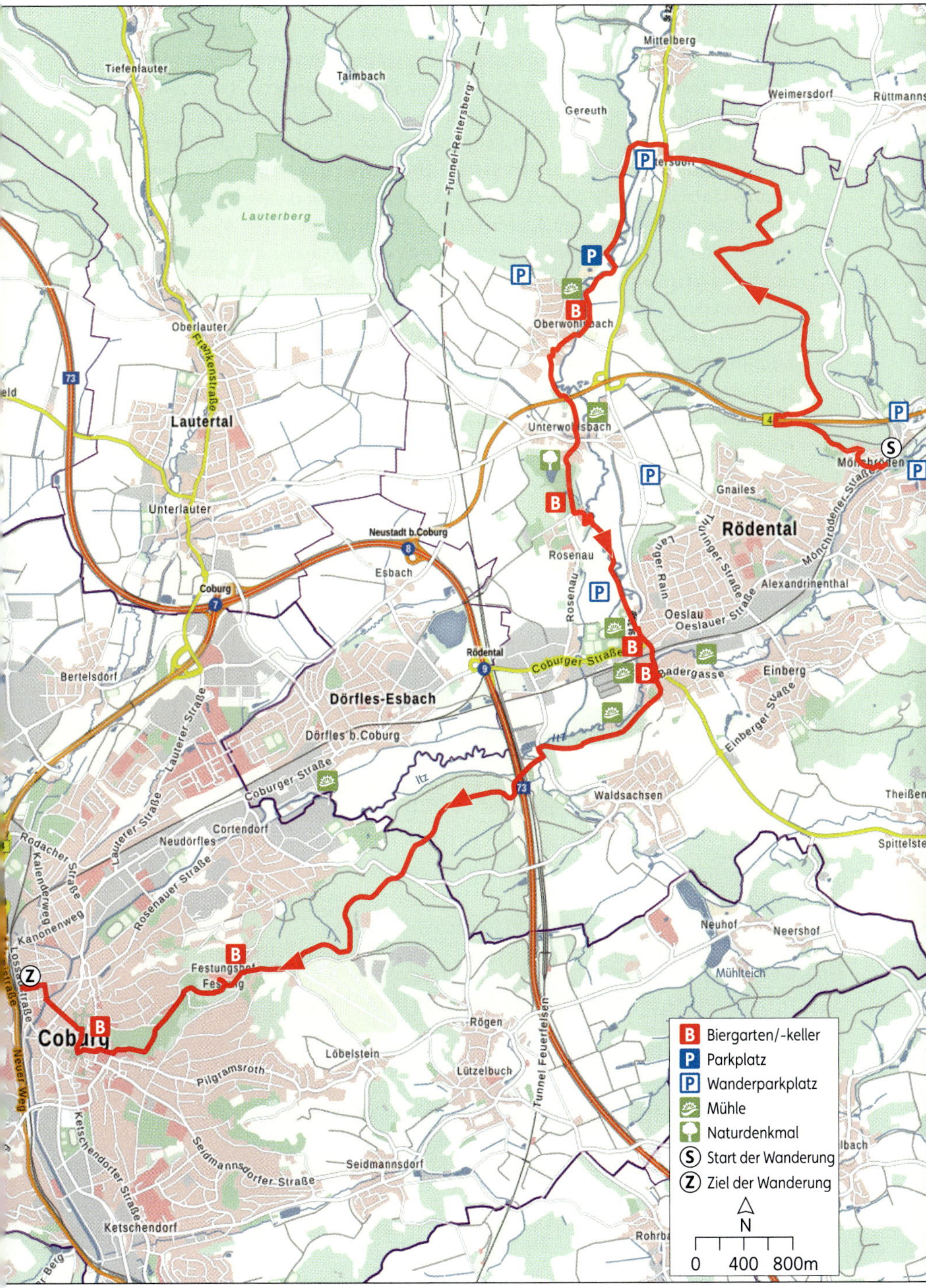
Mittelberg
Tiefenlauter
Taimbach
Gereuth
Weimersdorf
Rüttmanns
Tunnel Reitersberg
Lauterberg
Oberlauter
Frankenstraße
Oberwohlsbach
Unterwohlsbach
Lautertal
Unterlauter
Neustadt b.Coburg
Esbach
Coburg
Rosenau
Mönchröden
Gnailes
Rödental
Thüringer Straße
Mönchrödener Straße
Langer Rain
Alexandrinenthal
Oeslau
Oeslauer Straße
Rödental
Coburger Straße
Badergasse
Einberg
Einberger Straße
Bertelsdorf
Dörfles-Esbach
Dörfles b.Coburg
Lauterer Straße
Coburger Straße
Itz
Waldsachsen
Theißen
Cortendorf
Neudörfles
Rodacher Straße
Kalenderweg
Rosenauer Straße
Kanonenweg
Spittelste
Neuhof
Neershof
Mühlteich
Festungshof
Festung
Coburg
Rögen
Löbelstein
Lützelbuch
Tunnel Feuerfelsen
Pilgramsroth
Ketschendorfer Straße
Seidmannsdorfer Straße
Seidmannsdorf
Ketschendorf
Neuer Weg
Rohrba
Biergarten/-keller
Parkplatz
Wanderparkplatz
Mühle
Naturdenkmal
Start der Wanderung
Ziel der Wanderung
N
0 400 800m

fiel. Heute zählen das Kupferstichkabinett sowie die Waffen- und Gläsersammlung der Kunstsammlungen der Veste Coburg (veste.kunstsammlungen-coburg.de) zu den bedeutendsten ihrer Art in Europa. Auch die ausgestellten Kutschen und Schlitten, historische Waffen, Skulpturen und Gemälde (von Lucas Cranach dmr Älteren, Lucas Cranach dem Jüngerne, Albrecht Dürer, Matthias Grünewald, Hans Holbein dem Jüngeren, Tilman Riemenschneider u. a.) sowie die Lutherstube (Luther lebte 1530 mehr als fünf Monate auf der Veste) sind sehenswert.

Coburg: Neben mittelalterlichen Bauten wie der im Kern gotischen St. Morizkirche, den drei erhaltenen großen Toren der Stadtbefestigung sowie der spätgotischen Hofapotheke am Markt wird das Stadtbild von Bauten im Renaissancestil geprägt, die vor allem durch den Herzog Johann Casimir (1586-1633) und seinem Baumeister Peter Sengelaub errichtet wurden: Die ehemalige Regierungskanzlei (heute Stadthaus) mit großartigen Erkern, das Gymnasium Casimirianum mit dem Standbild des Herzogs, das Stadtschloss Ehrenburg, das Zeughaus und die Ratstrinkstube. Am Schlossplatz schließen sich die Arkaden (ehemalige Hauptwache) und das ehemalige Hoftheater an. Zwischen den Arkaden und der Veste Coburg befindet sich der Hofgarten.

Winter im Itzgrund.

Frühling im Coburger Land.

Bei dieser Wanderung im Coburger Land bewegen wir uns in einer Region, die erst seit 1920 zu Bayern gehört. Obwohl das Gebiet südlich des Thüringer Waldes Stammesgebiet der Franken war (der Dialekt im Coburger Land ist ein fränkischer mit thüringischen Beimengungen), gelangte das Coburger Gebiet schon 1353 durch Erbfolge an das sächsische Herrscherhaus der Wettiner. Residenzstadt einer ernestinischen Linie der Wettiner wurde Coburg im 16. Jahrhundert. Coburg war (zuletzt mit dem weit entfernten Gotha verbunden) bis 1918 ein selbständiger Teilstaat im Deutschen Reich. Nachdem der letzte Herzog abdankte, wurde Coburg Freistaat und entschied sich 1920 im Weg der Volksabstimmung für den Anschluss an Bayern.

Unsere Wanderung beginnt in Mönchröden, das mit Oeslau zur Gemeinde Rödental vereinigt wurde. Durch den großen Mönchrödener Forst (Wildpark) mit schönen Mischwaldbeständen erreichen wir bei Waltersdorf den Itzgrund. Hier ändert sich unsere Wanderrichtung nach Süden. Wir folgen dem Fluss Itz. Bald erreichen wir Rosenau mit seinem prächtigen Park und dem romantischen Schloss. Hier tauchen wir in die Welt des Hochadels im frühen 19. Jahrhundert ein. Albert, der Bruder des später in Coburg regierenden Herzogs Ernst II., wurde hier geboren. Albert heiratete die berühmte Victoria, die spätere Königin von England. Beide waren auf der Rosenau oft zu Besuch. In dem ehemaligen Teehaus befindet sich heute ein Restaurant mit Café und Gartenterrasse. Wanderer mit eher kleinerem Budget werden am Weg noch weitere Biergärten antreffen, so schon bald in Oeslau-Rödental. Durch den Bausenberg mit seinen schönen Laubwaldbeständen kommen wir ohne große Anstrengung hinauf zur Veste Coburg. Wir sollten ihre Innen-

Das Stadthaus und die Statue von Prinz Albert am Coburger Marktplatz.

höfe besuchen und ganz oben bei den Kanonen in einem Auslugtürmchen den Blick ins Rödental und zum Thüringer Wald genießen. Der Weg von der Veste zur Stadt durch den sich weithin erstreckenden Hofgarten ist ein abschließender Höhepunkt der Wanderung.

16

Wegbeschreibung

Vom Bahnhof Mönchröden gehen wir zur Ortsdurchgangsstraße, der Mönchrödener Straße, und hier nach links. Bei der Fußgängerampel wird die Fahrbahn überquert. Wenige Schritte weiter biegen wir rechts in die Straße Rießberg ein. Wir steigen bergauf. Bei einer Gabelung halten wir uns rechts, knapp 100 m später links. Der Wald wird erreicht. Bei der Abzweigung einer Waldstraße nach rechts laufen wir geradeaus weiter. Wir kommen vor die Bundesstraße 4, der wir ein Stück folgen und die wir dann auf einer Brücke überqueren. Auf der anderen Seite halten wir uns rechts. 100 m danach gehen wir bei einer Gabelung rechts und wenig später links von der Autostraße weg. Unser Waldsträßchen steigt leicht an. Abzweigungen rechts und links lassen wir unbeachtet. Etwa am höchsten Punkt schwenkt unsere zuletzt nach Nordwesten verlaufende Forststraße scharf nach rechts und verläuft nun in östliche Richtung. 500 m nach diesem Schwenk wird eine Gabelung erreicht. Hier müssen wir rechtwinklig links abbiegen. Eine Forststraße führt uns durch den Höllgrund hinab nach Waltersdorf.

An der Talstraße St 2206 halten wir uns rechts. Nach gut 100 m verlassen wir sie wieder nach links. Auf einem Sträßchen geht es zur Itz hinunter, dann auf einer Brücke über den Fluss. Wir folgen dem Radweg durch den Itzgrund. Kurz vor dem Fußballplatz des 1. FC Oberwohlsbach liegt rechter Hand das Hotel & Restaurant Alte Mühle in Oberwohlsbach. Die Straße Mühlgarten und die Lauterburgstraße führen uns in den Ort hinein. Wo Letztere eine Rechtskurve macht, verlassen wir Oberwohlsbach geradeaus auf einem Weg. Nach Unterquerung der Bundesstraße 4 wird Unterwohlsbach erreicht.

Auf der Rosenauer Straße gehen wir geradewegs zum und dann durch den Park Rosenau. Rund 200 m nach rechts befindet sich das Parkrestaurant. Wir wenden uns aber nach links hinauf zum Schloss Rosenau. Von dort steigen wir auf einem Stufenweg wieder hinab an die Itz, der wir nach rechts folgen. Nach den Beachvolleyballplätzen und bei einem Bolzplatz überqueren wir links auf einem Brückchen den Fluss, an der Schalkauer Straße kommen wir rechts nach Rödental hinein.

Wir gehen geradeaus über den Lindenplatz und den Bahnhofsplatz (rechts befindet sich der Brauereigasthof Grosch), dann auf der Kronacher Straße über die Gleise (rechts lohnt der Abstecher zur aufwendig sanierten Domäne Oeslau, in der es auch einen Biergarten gibt) und den Fluss Röden. Bei nächster Gelegenheit rechts und

Schloss Rosenau.

Vom Hofgarten aus ist der Blick auf die Veste Coburg besonders schön.

16

gleich wieder links in die Straße Höhnleite. Nach dem letzten Haus gehen wir auf einem Pfad weiter. Wir können uns bis zur Veste Coburg an der Markierung „Roter Punkt" des Carl-Escher-Wegs orientieren. Sie leitet uns kurz abwärts, unter die Autobahn 73 hindurch und in den Wald hinein. Rund 2,5 km wandern wir moderat bergan. Dann verlassen wir den Wald und gelangen auf einem Sträßchen vor die Veste Coburg.

Am äußeren Tor wählen wir bei der Burgschänke den Fußweg in Richtung Stadt. Es geht über Stufen, dann auf dem Hauptweg durch den Hofgarten. An dessen südwestlichem Ausgang erreichen wir über die Arkaden den Schlossplatz. Vorbei am Schloss Ehrenburg und durch die Herrngasse kommen wir zum Marktplatz mit dem Rathaus, dem Stadthaus, dem Prinz-Albert-Denkmal und der Hof-Apotheke. Wir biegen rechts in die Spitalgasse ein, vor dem Spitaltor halten wir uns links. Die Mohrenstraße führt zur Lossaustraße, auf dieser nach rechts gelangen wir zum Bahnhof Coburg.

Alte Mühle

Anschrift: Mühlgarten 5, 96472 Rödental (Oberwohlsbach)

Lage: Die historische Mehl- und Sägemühle wurde aufwendig renoviert und beheimatet heute ein kleines Hotel und Restaurant der gehobenen Kategorie. Die ruhige Terrasse liegt zwischen dem Gebäude und der Itz.

Essen und Trinken: Wechselnde Karte mit Gerichten der fränkischen, mediterranen und internationalen Küche. Es wird Wert auf Qualität, Regionalität und Nachhaltigkeit gelegt. Immer mindestens ein Hauptgericht und ein Dessert sind vegan.

Telefon: 09563 72380

Internet: www.alte-muehle-hotel.com

Parkrestaurant Rosenau

Anschrift: Rosenau 4, 96472 Rödental (Unterwohlsbach)

Lage: Die Terrasse des Restaurants liegt sehr ruhig an einer Wiese beim ehemaligen herzoglichen Teehaus. Es gibt sonnige Plätze, aber auch Schatten unter zwei alten Eichen.

Essen und Trinken: Umfangreiche Karte mit fränkischer und internationaler Küche, preislich eher gehoben. Gute Kuchen- und Tortenauswahl. Biere von der Kulmbacher Brauerei (Mönchshof und Kapuziner).

Telefon: 09563 1242

Internet: www.parkrestaurant-rosenau.de

Der Grosch

Anschrift: Oeslauer Straße 115, 96472 Rödental

Lage: Der gepflegte Außenbereich des Brauereigasthofs lädt zwar zum Verweilen ein. Ruhebedürftige könnte aber der nahe Auto- und Bahnverkehr stören.

Essen und Trinken: Große Speisekarte mit warmen Gerichten und fränkischen Brotzeiten. Eine Spezialität sind die hausgemachten Klöße zu verschiedenen Braten. Immer auch mehrere vegane Gerichte wie Nudelpfanne oder Linsencurry. Biere der eigenen Brauerei.

Telefon: 09563 7500

Internet: der-grosch.de

Biergarten in der Domäne Rödental

16

Anschrift: Kronacher Straße 2, 96472 Rödental

Lage: Der Biergarten liegt ruhig in der ehemaligen herzoglichen Domäne. Sonnige und von Bäumen beschattete Plätze.

Essen und Trinken: Hier gibt es vor allem Brotzeiten, zuweilen auch Süßes wie ausgezogene Küchla. Biere von Grosch im Ort und Maisel in Bayreuth.

Telefon: 0170 4349587

Burgschänke der Veste Coburg

Anschrift: Veste Coburg 1, 96450 Coburg

Lage: Der Außenbereich der Schänke liegt auf einer Burgbastei, die einen schönen Ausblick auf den Eingangsbereich der Veste und zu den angrenzenden Höhen gewährt.

Essen und Trinken: Größere Karte mit warmen fleischlastigen Gerichten, auch Brotzeiten und Kuchen. Biere von Münchner Hofbräu.

Telefon: 09561 2343194

Internet: www.burgschaenke-veste-coburg.de

Prinzengarten

Anschrift: Theaterplatz 13, 96450 Coburg

Lage: Der Biergarten befindet sich im Park des angrenzenden klassizistischen Schlösschens des Coburger Prinzen Josias (1737–1815) und ist von alten Bäumen eingerahmt, sodass man trotz zentralen Stadtlage recht idyllisch und ungestört verweilen kann.

Essen und Trinken: Es gibt kleine warme Gerichte wie Currywurst mit Pommes oder Spiegeleier mit Bratkartoffeln, zudem Flammkuchen, Brotzeiten und Salate. Biere von Tucher in Nürnberg und Fürth sowie von wechselnden Brauereien der Region.

Telefon: 0170 4464865

Internet: www.facebook.com/prinzengartencoburg

Täler und Mühlen im Frankenwald

Biergarteneinkehr in der Kleinrehmühle

Presseck – Schlackenmühle – Papiermühle – Hübnersmühle – Guttenberger Hammer – Kleinrehmühle – Guttenberger Hammer – Hübnersmühle – Wildenstein – Premeusel – Presseck

Weglänge: 18 km
Aufstieg / Abstieg: 420 hm / 420 hm
Reine Gehzeit: 5 Stunden
Start und Ziel: Bushaltestelle Ortsmitte in Presseck, die auf verschiedenen Linien ab/bis Kulmbach, Untersteinach, Naila, Bad Steben und Helmbrechts liegt, wo es Bahnhöfe gibt.
Gelände: Überwiegend ruhige Waldpfade, Forststraßen, Feld- und Wiesenwege. Mehr durch Wald als im offenen Gelände. Lediglich ein längerer steiler Anstieg ab Kilometer 9.
Empfohlene Jahreszeit: Frühjahr bis Herbst. Aufgrund der Höhenlage und des vielen Schattens auch an wärmeren Tagen gut machbar.
Karte: Naturpark Frankenwald, UK50-4, 1:50 000 von Landesamt für Digitalisierung, Breitband und Vermessung Bayern
Sehenswertes:
Presseck: Alte Siedlung auf der Frankenwaldhöhe (642 m). Die evangelische Kirche Zur Heiligen Dreifaltigkeit stammt im Kern aus dem 14. Jahrhundert und zählt damit zu den ältesten Kirchen im Frankenwald. Im Inneren sind die Fresken von 1517 und das schön bemalte Holztonnengewölbe von 1650 hervorzuheben.

Der Schiefer, das „blaue Gold", prägt noch heute Presseck und viele andere Frankenwalddörfer.

17

Biergarten/-keller
Parkplatz
Wanderparkplatz
Mühle
Start der Wanderung
Ziel der Wanderung
N
0 200 400m
Presseck
Pressecker Knock
Wildensteiner Straße
Trottenreuth
Ochsengarten
Petersmühle
Mühlberg
Mühlberg
Premeusel
Reitersholz
Schlackenmühle
Höhhof
Pfarrbächlein
Dreßelshöhe
Premeuseler Wald
Engersbach
Galgenberg
Grafengehaig
Im Winkel
Hauptstraße
Tannenknock
Schrammenhöhe
Rauhberg
Schlopp
Papiermühle
Eisenberg
Mehlthau
Wildenstein
Waffenhammer
Seifersreuth
Weiglas
Weiglashof
Großer Rehbach
Rehwald
Galgenberg
Neumühle
Steinberg
Guttenberger Hammer
Kleinrehmühle
Hübnersmühle
Großer Rehbach

Die Hübnersmühle ist besonders fotogen.

Dieser Ausflug führt uns in den südlichen Frankenwald, der hier nicht so dicht bewaldet ist wie in seinen nördlichen, an den Thüringer Wald angrenzenden Bereichen. Die Landschaft ist durch den Wechsel von unbewaldeten Höhen mit Feldern und Dörfern, waldreichen Hängen und tief eingeschnittenen Tälern mit rauschenden Bächen vielgestaltiger.

17

In den Bachgründen florierte früher das Mühlengewerbe. Auf unserer Wanderung passieren wir fünf Mühlen und einen Eisenhammer, in dem Werkzeuge geschmiedet wurden. Nur dieser, der Guttenberger Hammer, ist noch in Betrieb, auch wenn seine Mühlräder durch Turbinen ersetzt wurden. Die Mühlen mahlen längst nicht mehr. Sie werden nur noch als Wohnhäuser genutzt. Auf Schautafeln am Weg erfahren wir viel Interessantes über die Geschichte der Mühlen.

Die für uns Wandersleute Erfreulichste dürfte die Kleinrehmühle sein. Sie hat sich zu einem attraktiven Ausflugslokal entwickelt. Einsam und ruhig am Kleinen Rehbach gelegen hat das Gasthaus und vor allem sein Garten noch viel nostalgischen Charme. Ideal auch für Familien mit Kindern. Während die Erwachsenen sich bei einer Brotzeit oder einem Fischgericht stärken, gibt es für die Kleinen viele Möglichkeiten zum Spielen, Herumstromern und Kennenlernen der Tiere am Hof und Teich.

Wegbeschreibung

In Presseck gehen wir vom Marktplatz auf der Ortsdurchgangsstraße Richtung Nordosten. Die Kirche liegt also links von uns. Gleich bei der ersten Gelegenheit halten wir uns an der Straße Lautengrundweg rechts. Bis ins Steinbachtal begleitet uns die Markierung des Nordwaldwegs. Bevor der Lauten-

grundweg eine Linkskurve macht, biegen wir rechts auf einen Feldweg ab. Im Wald geht es auf Forststraßen bergab, immer dem Nordwaldweg folgend. Ein Sträßchen bringt uns an die Schlackenmühle, die links umgangen wird. Wir wandern durch das beschauliche Tal, über Wiesen und durch Wäldchen, meist unweit des Schlackenmühlbachs. Schließlich kommen wir an der Papiermühle vorbei und gelangen gut 1 km danach ins Steinachtal. An diese Stelle kehren wir später nach dem Abstecher zur Kleinrehmühle wieder zurück.
Hier halten wir uns links, folgen dem Sträßchen und dem Großen Rehbach (so heißt der rechte Oberlauf der Unteren Steinach) durch das Tal. Der Frankenwaldsteig weist uns nun bis zur Kleinrehmühle die Richtung. Nach 700 m wird das Sträßchen nach links auf einen Weg verlassen. Wir überqueren den Bach, passieren die Hübnersmühle und erreichen auf Asphalt den Weiler Guttenberger Hammer. Die ortsansässige Werkzeug Fabrik Krumpholz existiert seit 1799 und ist der letzte noch in Betrieb befindliche Eisenhammer des Frankenwaldes. Bis 1947 trieb die Wasserkraft direkt die Schmiedehämmer an, heute wird sie zur Stromerzeugung mit zwei Turbinen genutzt.

Im malerischen Grund der Unteren Steinach.

In Premeusel gibt es einiges zu entdecken.

Zur Kleinrehmühle sind es nur noch ein paar Minuten. In dem Biergarten am Kleinen Rehbach lässt es sich aushalten und die Zeit vergessen.

Wir kehren nun auf bereits bekannter Route zurück an die Stelle, wo wir vorhin ins Steinachtal gelangt sind. Ab hier erkunden wir wieder neues Terrain, bleiben also auf dem Sträßchen im Tal. Nach 200 m wird die Neumühle passiert. Kurz danach könnte man links einen Abstecher zur 500 m entfernten Steinachklamm machen. Die Hauptroute führt uns aber auf dem Sträßchen vom Tal weg bergan nach Wildenstein. Wir steigen durch das Dorf und an-

Auch gerodete Hochflächen sind typisch für den Frankenwald.

schließend im Wald weiter steil bergan. Oben angelangt führt uns der Nordeck-Weg 7 über offenes Gelände. Gut zu sehen sind hier die für den Frankenwald typischen welligen Hochflächen, die von zahlreichen V-Tälern zerschnitten sind. In der Ferne ist das Fichtelgebirge auszumachen. Nach einem weiteren Wäldchen kommen wir an eine Landstraße. Wir verlassen sie gleich wieder nach rechts und erreichen Premeusel, wo manche Häuser noch Schiefer auf den Dächern oder an den Fassaden tragen.

Zwischen dem letzten Haus und einer Scheune geht es rechts über ein Grundstück und in die Flur hinaus. Nach etwa 150 m verlassen wir bei einem Busch den breiten Weg geradeaus auf einen schmäleren, manchmal zugewachsenen Weg zwischen zwei Feldern. 2023 hat an dieser Stelle die Markierung gefehlt. Wir wandern am Waldrand entlang, dann durch ein Waldstück und schließlich nach Presseck hinein, wo am bereits bekannten Marktplatz unsere Tour endet.

Ausflugsgaststätte Kleinrehmühle

Anschrift: Kleinrehmühle 1, 95352 Marktleugast

Lage: Bis 1945 Mühlenbetrieb, seit 1977 Gasthaus. Sehr ruhig am Waldrand gelegen. Sowohl sonnige als auch schattige Plätze. Teich mit Wassertieren und einem nachgebauten Hammerwerk.

Essen und Trinken: Brotzeiten und kleine Auswahl an Fleisch- und Fischgerichten. Spezialität des Hauses sind die geräucherten Forellen. Oft auch selbstgebackene Kuchen. Biere von Püls-Bräu in Weismain, Krug Bräu in Breitenlesau und Scherdel in Hof

Telefon: 09255 7565

Internet: kleinrehmuehle.de/gasthof

Waldeinsamkeit im nördlichen Fichtelgebirge

Einkehr im Kornberghaus und im Alten Pfarrhaus

Bahnhof Kirchenlamitz Ost – Zigeunersteine – Ruine Hirschstein – Großer Kornberg – Kornberghaus – Altes Pfarrhaus – Schönwald

Weglänge: 12 km
Aufstieg / Abstieg: 330 hm / 280 hm
Reine Gehzeit: 3½ Stunden
Start: Bahnhof Kirchenlamitz Ost an der Strecke Weiden – Oberkotzau.
Ziel: Bahnhof Schönwald an der Stracke Cheb – Oberkotzau.
Gelände: Längerer, aber moderater Anstieg zum Großen Kornberg, dann bergab und eben. Der größte Teil der Wanderung verläuft im Wald.
Empfohlene Jahreszeit: Frühling bis Herbst. Aufgrund der Kürze der Tour, des vielen Schattens und der Höhenlage auch an warmen Tagen möglich.
Karte: Naturpark Fichtelgebirge und Naturpark Steinwald, Nr. 52, 1:50 000 von Fritsch
Sehenswertes:
Burgruine Hirschstein: Überreste einer im 14. Jahrhundert zerstörten Burg.
Großer Kornberg: Nordöstlichster Fichtelgebirgsberg (827 m) mit 20 m hohem Turm, von dem man in den Frankenwald, nach Hof, Rehau und Selb, in die Gegend um Asch und Eger in Tschechien sowie in das zentrale Fichtelgebirge blickt.

Diese Tour führt uns in das von Wanderinnen und Wanderern wenig besuchte nordöstliche Fichtelgebirge. Die Grenze zu Tschechien ist nur rund 10 km entfernt. Früher war die Gegend um Selb, Marktleuthen, Schönwald und Schwarzenbach an der Saale von der Porzellanindustrie geprägt. Heute sind die meisten Fabriken stillgelegt. Die Region ist strukturschwach und weist eine hohe Arbeitslosigkeit auf. Obwohl es durchaus lohnende Ziele gäbe, ist der Tourismus eher schwach entwickelt.

Man kann nicht verschweigen, dass manche Waldwege im Fichtelgebirge etwas eintönig erscheinen können, da noch immer Fichtenmonokulturen das Landschaftsbild prägen. Um eine Wanderung im Fichtelgebirge abwechslungsreicher zu machen, ist es nötig, einige Glanzpunkte einzuarbeiten. Solche sind auf unserer Tour zu finden.

18

Beim Anstieg zum Hirschstein kommen wir an der Felsgruppe Zigeunersteine vorbei. Ein Block mit dem Namen Wackelstein lässt sich mit einem Holzriegel bewegen. Die Ruine Hirschstein – allzu viel altes Gemäuer ist von ihr nicht erhalten – liegt auf einem steilen Felsen. Man schaut hier über weite Wälder auf das Hohes Fichtelgebirge, das hufeisenförmig die Selb-Wunsiedler Hochfläche umschließt. Der nächste Höhepunkt der Wanderung ist die Schönburgwarte auf dem Großen Kornberg. Die Aussicht dort wird neben der von der Kösseine als die schönste des Fichtelgebirges gepriesen.

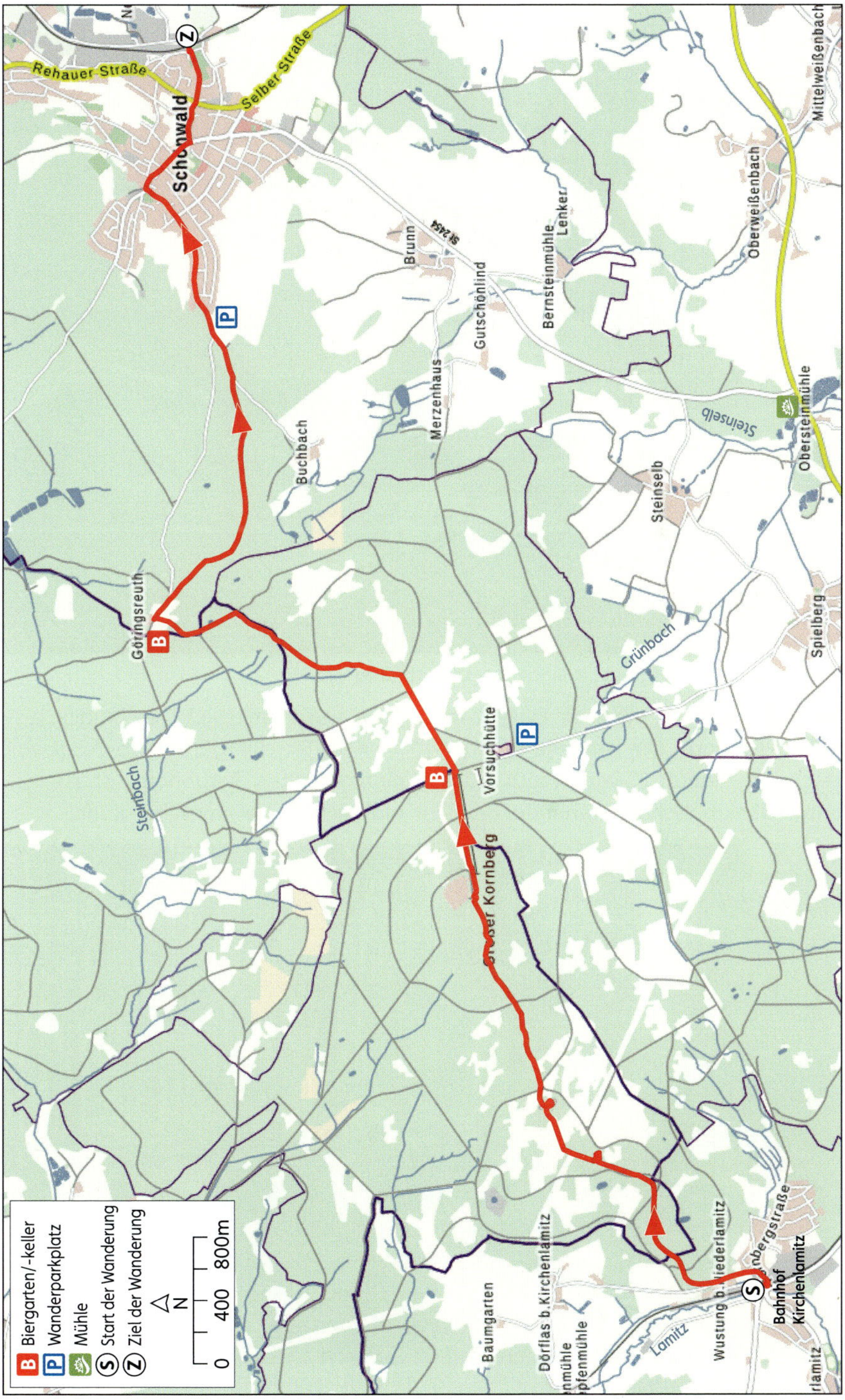
Biergarten/-keller
Wanderparkplatz
Mühle
Start der Wanderung
Ziel der Wanderung
N
0 400 800m
Rehauer Straße
Selber Straße
Göringsreuth
Buchbach
Brunn
Merzenhaus
Gutschenlind
St 2454
Bernsteinmühle
Lenker
Oberweißenbach
Mittelweißenbach
Obersteinmühle
Steinselb
Steinselb
Spielberg
Grünbach
Vorsuchhütte
Steinbach
Baumgarten
Dörflas b. Kirchenlamitz
Wustung b. Niederlamitz
Lamitz
Bahnhof Kirchenlamitz

Der Wackelstein lässt sich mit einem Ast als Hebel bewegen.

Ein Schmankerl ist auch die Einkehr im Alten Pfarrhaus. Die offizielle Ortsbezeichnung lautet Göringsreuth. Das unter Denkmalschutz stehende Gasthaus wurde mit viel Geschmack restauriert. Der Biergarten, überragt von einem uralten Bergahorn, ist so, wie man sich ihn nur wünschen kann.

Waldeinsamkeit im Fichtelgebirge.

18

Wegbeschreibung

Vom Bahnhof Kirchenlamitz Ost folgen wir der Kornbergstraße 100 m Richtung Ortsmitte, wo wir links in die Dörflaser Straße abbiegen. Die Markierung des Fränkischen Gebirgswegs wird uns bis zum Großen Kornberg begleiten. Nach knapp 300 m verlassen wir die Dörflaser Straße rechts auf einen herrlichen Waldpfad. Der ansteigende Weg ist mit Heidelbeersträuchern gesäumt, kreuzt mehrfach Forststraßen und passiert schließlich die Zigeunersteine. Ein Block mit dem Namen Wackelstein lässt sich mit einem Ast bewegen.
Bald erreichen wir die Granitfelsen, auf denen die Ruine Hirschstein steht. Der kurze Abstecher nach rechts wird mit einer prächtigen Aussicht auf das Fichtelgebirgshufeisen belohnt. Der Fränkische Gebirgsweg führt kurz bergab und dann geradeaus wieder ansteigend bis auf den Großen Kornberg. Der 827 m hohe Gipfel ist von Weitem an dem ehemaligen Aufklärungsturm der Bundeswehr zu erkennen. Besteigen dürfen wir ihn nicht, die 1954 eingeweihte Schönburgwarte schon.
Hinter dem Aussichtsturm wählen wir den mittleren Weg. Es geht für 400 m mit der Markierung „Weißes N auf rotem Grund", dann ohne Markierung neben dem Skilift steil hinab zum bereits sichtbaren Kornberghaus.
Wir überqueren ein Sträßchen, wandern geradeaus auf einer breiten Forststraße weiter. Wenig später kommt die

Die Ruine Hirschstein bietet einen Logenblick auf das Hohe Fichtelgebirge.

Markierung „Oranger Punkt im gelben Kreis" (Mit der Arnika zum Kornberg) dazu. Die Schildchen führen uns sicher durch den Wald bis zur Einöde Göringsreuth mit dem Alten Pfarrhaus.

Ein Tagpfauenauge.

Für den Weitermarsch nach Schönwald gehen wir vom Parkplatz des Gasthauses auf dem Zufahrtsträßchen bis zum Waldanfang. Dort wählen wir den Fußweg, der rechts mit der Markierung „6" in den Wald führt. Die Schildchen leiten uns in östlicher Richtung durch eine ehemalige Sandgrube und weiter bis an einen Wanderparkplatz am Waldrand. Hier geht es auf Asphalt zu den ersten

Der ehemalige Aufklärungsturm der Bundeswehr und der Aussichtsturm auf dem Kornberg.

18

Häusern von Schönwald hinauf. Wir bleiben für 950 m auf der Buchbacher Straße, halten uns an der Hauptstraße rechts und biegen 450 m später links in die Bahnhofstraße ein. Diese bringt uns über die stärker befahrene Rehauer Straße und ans Etappenziel.

Kornberghaus

Anschrift: Am Kornberg 1, 95100 Martinlamitzer Forst-Süd

Lage: Kleine Terrasse mit Tischen, Bänken und Sonnenschirmen zwischen dem kürzlich eröffneten Kornberghaus und einer Wiese an der Talstation des Skilifts.

Essen und Trinken: Suppen, Salate, Brotzeiten, Bratwürste, Hauptgerichte wie Gulasch, Schnitzel oder Zanderfilet, Kuchen und Desserts. Biere von Scherdel in Hof und von der Kulmbacher Brauerei (Mönchshof und Kapuziner).

Telefon: 09287 800197

Internet: kornberg.bayern

Altes Pfarrhaus

Anschrift: Göringsreuth 1, 95173 Schönwald

Lage: Der Biergarten liegt ruhig neben dem Gasthof auf einer Lichtung im Wald. Autos müssen ein Stück entfernt parken. Stühle und Tische, teils sonnig, teils schattig unter einem alten Bergahorn. Das angenehmes Ambiente lädt zum Verweilen ein.

Essen und Trinken: Fränkische und deutsche Küche, aber auch Salate, Burger, Pasta und Saisonales, etwa zur Spargel- oder Pfifferlingszeit. Auf Anfrage ist meist auch etwas Veganes möglich. Biere von Scherdel in Hof und von der Kulmbacher Brauerei (Mönchshof und Kapuziner).

Telefon: 09287 9653720

Internet: altes-pfarrhaus-schoenwald.metro.biz

Auf dem Dach Frankens

Einkehr am Fichtelsee, im Seehaus und in Karches

Ochsenkopf – Weißmainquelle – Weißmainfelsen – Fichtelnaabquelle – Fichtelsee – Seehaus – Nußhardt – Schneeberg – Karches – Bischofsgrün

Blockmeer im Gipfelbereich des Nußhardt.

19

Das zentrale Fichtelgebirge ist reich an Niederschlägen und Quellen. Vier große Flüsse entspringen im Fichtelgebirge: die Saale, die Eger, der Main (als Weißer Main) und die Naab (als Fichtelnaab). Saale und Eger münden in die Elbe, die in die Nordsee (einem Randmeer des Atlantiks) fließt. Das Wasser des Weißen Mains erreicht über den Main und den Rhein ebenfalls die Nordsee. Die Fichtelnaab hingegen entwässert über die Flüsse Waldnaab, Naab und Donau ins Schwarze Meer.

Weglänge: 20 km (17 km bis Karches)
Aufstieg / Abstieg: 380 hm / 760 hm
Reine Gehzeit: 5 3/4 Stunden
Start: Bergstation der Seilbahn Ochsenkopf-Nord (Fahrpläne und weitere Infos unter www.ochsenkopf.info und 09276 604). An der Talstation liegt die Bushaltestelle Bischofsgrün Schwebebahn Nord, die von den Linien 329 Bayreuth – Bischofsgrün – Fichtelberg und 369 Bay-

reuth – Weidenberg – Fichtelberg – Bischofsgrün angefahren werden.

Ziel: Bushaltestelle Bischofsgrün Schwebebahn Nord an den Linien 329 Fichtelberg – Bischofsgrün – Bayreuth und 369 Bischofsgrün – Fichtelberg – Weidenberg – Bayreuth. Ein Teil der Busse hält auch in Karches.

Gelände: Ein etwas steilerer Anstieg zum Seehaus, ein moderater zum Nußhardt und Schneeberg, sonst eben oder bergab. Meist im Wald, zahlreiche Fernblicke. Da die Wege oft über Steine, Blöcke und Baumwurzeln führen, sind feste Wanderschuhe ratsam.

Empfohlene Jahreszeit: Ganzjährig reizvoll. Aufgrund der Höhenlage und des vielen Walds auch an warmen Tagen im Sommer möglich. Im Winter liegt Schnee und sollten Sie sich vorab unter erlebnis-ochsenkopf.de oder beim Touristinfo Fichtelberg (Telefon 09272 97032) informieren, ob die Wege fürs Winterwandern präpariert sind.

Karte: Naturpark Fichtelgebirge und Naturpark Steinwald, Nr. 52, 1:50 000 von Fritsch

Vom Nußhardt genießt man weite Ausblicke, auch zum höchsten Berg Frankens.

Auf unserer Wanderung kommen wir an der Weißmainquelle und der Fichtelnaabquelle vorbei, die nur 1 km Wegstrecke voneinander entfernt liegen. Dazwischen überqueren wir also die Europäische Wasserscheide zwischen dem Atlantik und dem Schwarzen Meer.

Außer an den Quellen mit dem ganzjährig eiskalten Wasser kommen wir am viel besuchten Fichtelsee vorbei. In ihm kann man im Sommer baden oder Tretboot fahren. Ursprünglich war der See viel größer und reichte bis zum Seehaushügel. Im Laufe der Zeit ist er durch Torfmoorbildung verlandet, hat aber durch Ausbaggerung einen Teil seiner ursprünglichen Größe wieder erhalten. Das Gelände unmittelbar nördlich des Fichtelsees ist botanisch sehr interessant und als Naturschutzgebiet und Naturwaldreservat ausgewiesen. Hier finden wir auf Torfschichten einen Wald mit Spirken (einer seltenen Kiefernart), Torfmoos, Rosmarinheide, Wollgras, Sonnentau und Rauschbeeren.

Drei weitere Höhepunkte dieser Tour – und das im doppelten Sinne – sind die drei höchsten Berge Frankens. Auf den Ochsenkopf (1024 m) schweben wir zum Tourauftakt bequem mit der 10er-Gondelbahn empor, die seit der Wintersaison 2023/24 die alte Doppelsesselbahn ersetzt. Den Nußhardt (972 m) und den Schneeberg (1051 m) müssen wir uns per pedes erarbeiten. Alle drei Gipfel bieten reizvolle Ausblicke auf die Gebirgslandschaft mit ihren großen Wäldern. Der Nußhardt ist nur über eine Besteigungsanlage zu erreichen, überrascht mit einem Felsenblockmeer und wird verglichen mit den anderen beiden Bergen wenig besucht, obwohl er der einzige ohne störende Bauten ist.

Als Einkehr bietet sich das vom Fichtelgebirgsverein bewirtschaftete Seehaus

19

Im Seehaus kehrt man gerne ein.

an. Unter Vogelbeerbäumen sitzen wir hier in 924 m Höhe auf einer ruhigen Terrasse und blicken auf eine moorige Bergwiese und zum Ochsenkopf hinüber. Ursprünglich war das Seehaus ein Zechenhaus, also ein Verwaltungs- und Unterkunftshaus für Bergleute. Seit dem frühen Mittelalter wurde im Fichtelgebirge reichlich Bergbau betrieben. Abgebaut wurden vor allem Gold, Zinn, Eisen, Minerale, Erden und Steine. Am 1. Juli 1785 kam Johann Wolfgang von Goethe auf einer Wanderung von Wunsiedel zum Ochsenkopf am Seehaus vorbei und beschrieb den Zinnbergbau.

Wegbeschreibung

Unsere Tour beginnt an der Bushaltestelle bzw. der Talstation der Seilbahn Ochsenkopf Nord in Bischofsgrün. Nachdem wir der 10er-Gondelbahn am Ochsenkopf entstiegen sind, gehen wir links zum Asenturm. Der Turm ist rund um die Uhr geöffnet und kann kostenlos bestiegen werden, was wir aufgrund der Aussicht auch tun sollten.

Wir behalten die östliche Richtung bei. Bis zum Wanderparkplatz Seehaus, also für die nächsten 7,5 km, orientieren wir uns an die zuverlässig gesetzten Markierungen des Fränkischen Gebirgswegs. Sie bringen uns zur Weißmainquelle und bald darauf vor die Weißmainfelsen. Die mächtige Granit-Felsengruppe kann auf einer Treppe bestiegen werden. Weiter geht es zur Fichtelnaabquelle, hinab vor die ersten Häuser von Fichtelberg, über die Kreisstraße BT 4 und an den malerischen Fichtelsee. Wir wandern kurz unweit dessen Ufers entlang, überqueren den See auf einem Damm und halten uns am Waldhotel und Gasthof Am Fichtelsee links.

Durch das Naturschutzgebiet und Naturwaldreservat verlassen wir den See und erreichen die Bundesstraße 303, die vorsichtig überquert wird. An dem Wanderparkplatz wechseln wir die Markierung. Auf dem Seeweg steigen wir auf einem Waldweg recht steil zum Seehaus auf.

Zum Weiterweg laufen wir in nördliche Richtung direkt am Seehaus vorbei. Verschiedene Markierungen sind angezeigt. Wir folgen für 6,5 km wieder dem Fränkischen Gebirgsweg. Eine Moorwiese wird überquert, dann geht es im Wald etwas bergauf zum Nußhardt. Zu dessen Aussichtsfelsen ist es ein kurzer, sehr lohnender Abstecher nach links.

Zum Schneeberg ist es nun nicht mehr weit. Auf dem mit 1051 m höchsten Berg Frankens und Nordbayerns stehen ein kleiner Aussichtsturm und ein deut-

Im romantischen Fichtelsee ist Baden erlaubt.

lich höherer, ehemaliger Fernmeldeturm der Bundeswehr, ein Mahnmal an den Kalten Krieg.

Wir bleiben noch auf dem Fränkischen Gebirgsweg, der uns auf Forststraßen in weiten Kehren abwärts führt. Am Haberstein lohnt der kurze Abstecher nach rechts zu dem aus Granitfelsen bestehenden Blockmeer. 950 m danach wird eine Forststraßenkreuzung erreicht. Wir halten uns hier rechts und wechseln die Markierung. Der blaue Punkt führt uns zunächst auf einer Forststraße, dann auf einem Waldpfad hinab an die Bundesstraße 303, die umsichtig gekreuzt wird. Wir gehen nun rechts (nach links wäre es ein Katzensprung zum Karchessee und dem Waldrasthaus) auf einer Forststraße weiter, verlassen diese nach 50 m schon wieder links in einen Naturlehrpfad. Auf diesem wandern wir immer am Weißen Main entlang bis zur Bushaltestelle bzw. der Talstation der Seilbahn Ochsenkopf Nord in Bischofsgrün.

Wir wandern am rauschenden Weißen Main Bischofsgrün entgegen.

Am Fichtelsee

Anschrift: Am Fichtelsee 1, 95686 Fichtelberg

Lage: Die Sonnenterrasse liegt direkt am malerischen See. Oft gut besucht.

Essen und Trinken: Fränkische und internationale Küche. Große Auswahl. Salate, Suppen, Fleisch- und Fischgerichte, Süßes. Ab Nachmittag zudem Brotzeiten und Flammkuchen. Auch vegane Optionen wie Gemüsecurry mit Quinoa und Sommersalat mit gebratenem Tofu. Biere von der Brauerei Hütten in Hütten und Leikeim in Altenkunstadt.

Telefon: 09272 964000

Internet: www.hotel-am-fichtelsee.de

Seehaus

Anschrift: Seehaus 1, 95709 Tröstau

Lage: Ruhige und naturnahe Lage. Private Autozufahrt nicht gestattet. Sonnige und schattige Plätze auf Holzbänken unter Vogelbeerbäumen. Überdachter Brunnen und Teich mit Wasserpflanzen.

Essen und Trinken: Wechselnde Fleischgerichte wie Schweinebraten, Schnitzel oder Rehragout, Bratwürste, Suppen und Eintöpfe, Brotzeiten, Kaiserschmarrn sowie Kuchen. Biere von Scherdel in Hof und Mönchshof in Kulmbach.

Telefon: 09272 222

Internet: fgv-seehaus.de

Waldrasthaus Karches

Anschrift: Karches 2, 95493 Bischofsgrün

Lage: Eigentlich sitzt man mit Blick auf den Karchessee und die waldige Umgebung recht idyllisch, allerdings stört etwas der Lärm von der nahen Bundesstraße.

Essen und Trinken: Fränkische und deutsche Fleischküche. Spezialität des Hauses sind Wildgerichte. Für Veganer und Veganerinnen gibt es Mineralwasser oder Bier von der Kulmbacher Brauerei (Mönchshof und Kapuziner).

Telefon: 09276 218

Internet: www.waldrasthaus-karches.de

Durch den Bischofsgrüner Forst und das Ölschnitztal nach Bad Berneck

Einkehr in den Waldgasthöfen Schweinsbach und Entenmühle

Bischofsgrün – Birnstengel – Waldgasthof Schweinsbach – Metzlersreuth – Entenmühle – Ölschnitztal – (Burg) Stein – Bad Berneck

Weglänge: 15 km
Aufstieg / Abstieg: 220 hm / 520 hm
Reine Gehzeit: 4 1/4 Stunden
Start: Bischofsgrün Bushaltestelle Rathaus (Verkehrsamt). Bus 329 Bayreuth – Bischofsgrün – Fichtelberg oder Bus 369 Bayreuth – Weidenberg – Warmensteinach – Fichtelberg/Mehlmeisel – Bischofsgrün.
Ziel: Bad Berneck Busbahnhof. Bus 329 Fichtelberg – Bischofsgrün – Bayreuth, Bus 330 Bad Berneck – Goldkronach – Bindlach – Bayreuth oder Bus 367 Gefrees – Bad Berneck – Bayreuth.
Gelände: Nur zweimal mäßige Anstiege, sonst eben und bergab. Überwiegend im Wald, auch im Ölschnitztal meist schattig.
Empfohlene Jahreszeit: Frühling und Sommer.
Karte: Naturpark Fichtelgebirge und Naturpark Steinwald, Nr. 52, 1:50 000 von Fritsch
Sehenswertes:
Burg Stein: Von der früheren Burg steht noch die ehemalige Kemenate, in der sich jetzt die Kapelle St. Michael befindet.
Bad Berneck: Seit 1857 Molkenkurort, seit 1930 Kneippheilbad. Hübsche Lage im Ölschnitztal, von mehreren Hügeln mit Aussichtspunkten umgeben. Auf dem Schlossberg steht die Ruine Hohenberneck mit Schlossturm und Kapellenruine von 1480. Dahinter die Ruine Altes Schloss. Bemalte Kolonnaden im Kurpark. Klassizistische tempelartige Saalkirche mit Doppelemporenanlage, Kanzelaltar und ionischen Säulen.

20

Diese Wanderung führt uns vom Zentrum des Fichtelgebirges in dessen Vorland. Wir kommen dabei durch ganz unterschiedliche Landschaften. Unser Ausgangsort Bischofsgrün, als Sommerfrische seit Alters her viel besucht, liegt als Rodungsinsel zwischen den weiten Fichtenwäldern des Hohen Fichtelgebirges und wird überragt von Schneeberg und Ochsenkopf. Obwohl die beiden mit 1051 m und 1024 m die höchsten Berge Frankens sind, schauen sie eher wie Hügel aus. Die Landschaft wirkt zunächst eher matt, an trüben Tagen fast düster. Bei dem reich mit Blumen geschmückten Metzlersreuth wird die Landschaft lieblicher. Der Wald weicht zurück und landwirtschaftlich

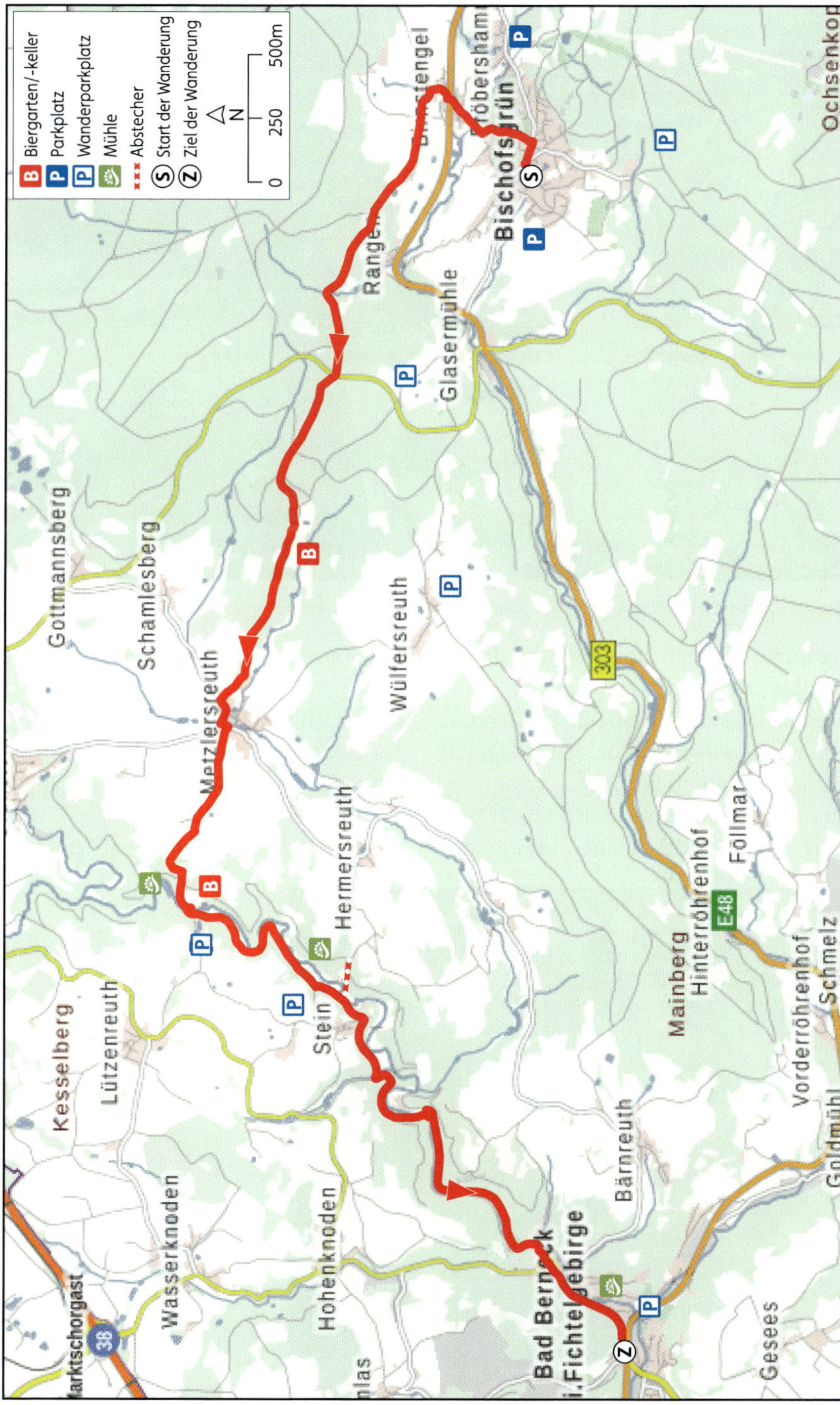

Biergarten/-keller
Parkplatz
Wanderparkplatz
Mühle
Abstecher
Start der Wanderung
Ziel der Wanderung
N
0
250
500m
Bischofsgrün
Glasermühle
Wülfersreuth
Metzlersreuth
Schamlesberg
Gottmannsberg
Hermersreuth
Stein
Kesselberg
Lützenreuth
Wasserknoden
Hohenknoden
Bärnreuth
Mainberg
Hinterröhrenhof
Föllmar
Vorderröhrenhof
Schmelz
Goldmühl
Gesees
38
303
E48

An der Ölschnitz entlang wandern wir dem Tagesziel entgegen.

genutzte Flächen überwiegen. Unbefestigte, mit Eschen bestandene Hohlwege führen aus den Dörfern hinaus. Die Flurbereinigung hat sich hier noch nicht schädigend betätigt.

Bei der Entenmühle ändert sich das Bild erneut. Statt flacher Hänge auf granitenem Urgestein treffen wir nun auf ein tief eingeschnittenes Tal, wie es so im Fichtelgebirge selten vorkommt. Bei Bad Berneck gelangen wir in das mainfränkische Bruchschollenland. Die Gesteine dort stammen aus erdgeschichtlich viel jüngeren Epochen

An manchen Tagen trifft man im Fichtelgebirge mehr Brunnen als Wanderer.

als denen des 500 Millionen Jahre alten Hohen Fichtelgebirges, das einmal höher emporragte als die Alpen. Im langen Lauf der Erdgeschichte wurde das Urgebirge zu den heutigen runden Formen abgeschliffen. Die Hänge im Ölschnitztal sind nicht mehr mit Fichtenwald bestockt, sondern tragen Mischwald und bei Bad Berneck reinen Laubwald.

Der Weg an der rauschenden Ölschnitz entlang macht Vergnügen. Im 19. Jahrhundert wurde hier noch Perlenfischerei betrieben. Auch heute wirkt das Wasser glasklar. Nach der Burg Stein, bei der wir noch einmal emporsteigen müssen, geht es endgültig zum Flüsschen hinunter. An einem Wegweiser müssen wir uns entscheiden, ob wir den Hangweg zu den Ruinen von Bad Berneck gehen wollen oder auf dem schönen Talweg verbleiben. In jedem Fall erreichen wir bei den Kuranlagen mit den alten Kolonnaden, die uns in die Zeit des 19. Jahrhunderts zurückversetzen, das hübsche Heilbad.

Vom Marktplatz in Bad Berneck blickt man auf die Ruine Altes Schloss.

Für die Einkehr unterwegs haben wir die Wahl zwischen der alten Waldschänke von Schweinsbach und der Entenmühle. Wenn uns nach Klößen und Braten ist, werden wir in Schweinsbach einkehren, wenn wir einen frischen Fisch bevorzugen, laufen wir bis zur Entenmühle weiter, und wenn wir Veganer sind, nehmen wir ein Picknick mit. In allen drei Fällen werden wir ruhig und angenehm im Grünen speisen.

Wegbeschreibung

Von der Bushaltestelle Rathaus in Bischofsgrün begeben wir uns auf der Wunsiedler Straße in östliche Richtung. Nach knapp 200 m biegen wir links in die Berliner Straße ein. Wo diese eine Linkskurve macht, geht es geradeaus auf einem breiten Weg weiter. Wir durchqueren die Richtung beibehaltend den Natur-Kurpark und gelangen zwischen zwei Hausgrundstücken an die Birnstengler Straße. Diese führt uns rechts über die B 303 hinweg. Unmittelbar nach der Brücke biegen wir rechts nach Birnstengel ab. Bald wird rechter Hand der Gasthof Käppel passiert. Nach dem Ort bringt uns ein Teersträßchen an Hedlerreuth vorbei zum Wald. Schweinsbach wird bereits auf einem Schild angekündigt. Wir folgen diesem geradeaus auf einer Waldstraße. Nach 1,5 km wird eine Autostraße überquert. Wir wählen den rechten Weg mit dem Zeichen „3" bis zum Waldgasthof Schweinsbach.

Das einsam gelegene Schweinsbach ist Bauernhof und Gasthaus zugleich.

Nach dem Gasthaus wandern wir auf einem Sträßchen weiter. Bis zur Entenmühle begleiten uns die Markierungen des Jean-Paul-Wegs. In Metzlersreuth treffen wir auf die Straße, die von Schamlesberg herkommt. Hier halten wir uns links. Wir überqueren einen Bach und biegen 100 m danach an der von Gefrees kommenden Straße links ab. Wenig später geht es gegenüber der Gastwirtschaft rechts aus dem Ort hinaus. Durch einen Hohlweg gelangen wir zu Feldern und an einen großen Ahorn. Die Markierungen führen uns in den Wald und schließlich hinab in das Ölschnitztal, in dem sich die Entenmühle befindet.

Beim Weitermarsch überqueren wir auf einer Brücke die Ölschnitz und steigen auf Asphalt kurz zu einem Haus empor. Dort geht es links weiter. Wir können uns nun an die Markierungen des Westwegs des Fichtelgebirgsvereins („weißes W auf rotem Grund") orientieren. Sie führen uns zunächst meist durch den Talgrund. Nach 1,6 km wird ein Sträßchen erreicht, dem wir nach links folgen. 300 m später verlassen wir es wieder nach rechts. Wir steigen kurz zu einem weiteren Sträßchen empor. Zur Burg Stein mit der Burgkapelle ist es nur ein Katzensprung nach links. Zum Weiterweg überqueren wir das Sträßchen. Unsere Markierung bleibt der Westweg. An einer Waldstraße gehen wir links und nach wenigen Metern rechts. An einer Kurve befindet sich ein schöner Rastplatz. Bald danach gelangen wir zu Schildern, auf denen verschiedene Wege nach Bad Berneck angezeigt werden. Wir könnten hier auch den Höhenweg zu den Ruinen von Bad Berneck wählen. Angenehmer ist es, im Ölschnitztal zu bleiben. Wir wechseln die Flussseite und wandern 1,5 km auf dem gut angelegten Fußweg (die Markierungen verlassen uns bald nach rechts) bis in den Kurpark von Bad Berneck. Nach der Grünanlage überqueren wir die Ölschnitz auf einer schmalen Brücke für Autos und Fußgänger und gelangen auf der Straße Kolonnadenweg zum historischen Marktplatz. Von dort gehen wir auf der Straße Kirchenring und der Bahnhofstraße zum Busbahnhof von Bad Berneck.

Waldgasthof Schweinsbach

Anschrift: Schweinsbach 46, 95482 Gefrees

Lage: Herrlich ruhig im Wald gelegen. Terrasse mit Blick auf eine Waldwiese. Vormittags im Schatten des Hauses, ab Mittag Sonne.

Essen und Trinken: Größere Auswahl an Braten mit Klößen, auch Wild. Diverse Brotzeiten. Butter, Pressack, Speck, Wurst, Geräuchertes und Kaffeegebäck stammen aus eigener Herstellung. Bier von der Kulmbacher Brauerei (Mönchshof, Kulmbacher und Kapuziner).

Telefon: 09254 246

Internet: www.waldgasthof-schweinsbach.de

Gasthof Entenmühle

Anschrift: Entenmühle 6, 95482 Gefrees

Lage: Die Mühle war von 1701 bis 1956 in Betrieb. Seit 1952 Gastwirtschaft. Sehr ruhig Lage. Überwiegend sonnige, von Wiese und Wald umgebene Terrasse mit Sonnenschirmen und Topfpflanzen. Großer überdachter Freisitz.

Essen und Trinken: Große Speisekarte. Neben Fleischgerichten (z.B. Ente mit Klößen, verschiedene Braten) auch frische Forellen oder Saiblinge sowie Brotzeiten. Selbstgebackene Kuchen. Bier u. a. von Gampertbräu in Weißenbrunn und Brauerei Schinner in Bayreuth.

Telefon: 09254 260

Internet: www.gasthof-pension-entenmuehle.de

Durch das Tal des Roten Mains zur Eremitage von Bayreuth

Biergarteneinkehr in Kamerun, Schlehenberg und Bayreuth

Creußen – Hagenohe – Roter Main – Forsthaus Kamerun – Schlehenberg – (Bodenmühlwand) – Aichig – Eremitage Bayreuth

Weglänge: 15 km (17 km mit Creußen)
Aufstieg / Abstieg: 240 hm / 290 hm
Reine Gehzeit: 4 Stunden
Start: Bahnhof Creußen an der Strecke Nürnberg – Bayreuth.
Ziel: Bushaltestelle Eremitage in Bayreuth. Von hier mindestens halbstündlich Busse ins Stadtzentrum zum Luitpoldplatz oder Hauptbahnhof.
Gelände: Nur moderate An- und Abstiege. Mehr als die Hälfte der Wanderung verläuft im Wald.
Empfohlene Jahreszeit: Frühling bis Herbst.
Karte: Naturpark Fränkische Schweiz – Frankenjura – nördlicher Teil, UK50-10, 1:50 000 von Landesamt für Digitalisierung, Breitband und Vermessung Bayern
Sehenswertes:
Creußen: Altertümlich geprägtes Städtechen mit Stadtmauer, Türmen und Tore. Spätgotische Pfarrkirche St. Jakobus. Die Fleisch- und Brotbänke an der Längsseite des Rathauses von 1477 dienten als Verkaufsstände. In der Theodor-Künneth-Straße findet sich das Eremitenhäuschen von 1760, die einzige erhaltene bürgerliche Eremitage Deutschlands. Einen Besuch wert ist auch das Krügemuseum, in dem bedeutende Stücke des Creußener Steinzeugs ausgestellt sind (www.kruegemuseum.de).
Bodenmühlwand: Hier hat der Rote Main einen Steilhang von 30 m Höhe erschaffen und die Erdschichten aus der mittleren Keuperzeit aufgeschlossen.
Eremitage: Ursprünglich Tiergarten der Markgrafen von Bayreuth-Brandenburg, dann Eremitage (Einsiedelei). 1715–1718 wurde nach Plänen von Johann David Räntz das Alte Schloss errichtet. In diesem befinden sich ein Marmorsaal und eine Grotte, deren Wände mit Glasschlacken und Muscheln (die Fabelwesen darstellen) versehen sind. Das Neue Schloss (nicht zu verwechseln mit dem im Stadtzentrum ab 1753 erbauten Neuen Schloss) wurde in den Jahren 1749 bis 1753 unter maßgeblichem Einfluss der kunstsinnigen Markgräfin Wilhelmine (Schwester von Friedrich dem Großen) errichtet. Besonders sehenswert der 1945 bis auf die Grundmauern zerstörte, doch originalgetreu wiederhergestellte Sonnentempel. Die Mauern sind mit bunten Glasflüssen und Steinen farbig verziert. Als Bekrönung der Kuppel dient der Sonnenwagen Apolls. Vor dem Schloss großes Wasserbecken mit Delfinen und Fabelwesen und daneben Bogengänge aus Heckenpflanzen, die im Stil der

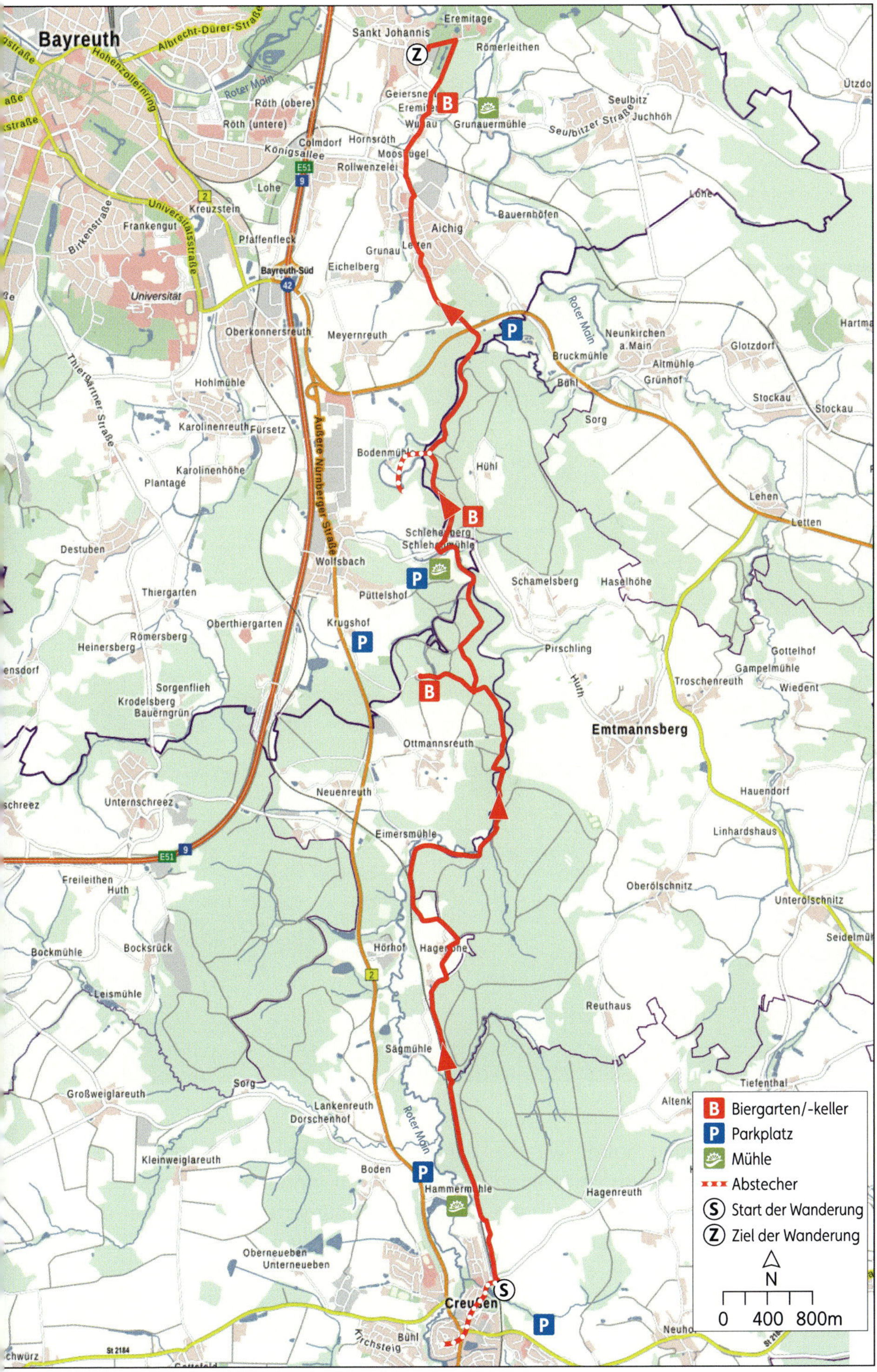
Bayreuth
Sankt Johannis
Eremitage
Römerleithen
Röth (obere)
Röth (untere)
Grunauermühle
Seulbitz
Juchhöh
Seulbitzer Straße
Colmdorf
Hornsröth
Königsallee
Rollwenzelei
Lohe
Kreuzstein
Frankengut
Pfaffenfleck
Aichig
Bauernhöfen
Grunau
Eichelberg
Bayreuth-Süd
Universität
Universitätsstraße
Birkenstraße
Hohenzollernring
Albrecht-Dürer-Straße
Roter Main
Oberkonnersreuth
Meyernreuth
Neunkirchen a. Main
Bruckmühle
Altmühle
Grünhof
Glotzdorf
Stockau
Bühl
Sorg
Hohlmühle
Karolinenreuth
Fürsetz
Karolinenhöhe
Plantage
Thiergartner Straße
Äußere Nürnberger Straße
Bodenmühle
Hühl
Lehen
Letten
Schlehenberg
Schlehenmühle
Wolfsbach
Destuben
Püttelshof
Schamelsberg
Haselhöhe
Thiergarten
Oberthiergarten
Krugshof
Römersberg
Heinersberg
Pirschling
Huth
Gottelhof
Gampelmühle
Troschenreuth
Wiedent
Sorgenflieh
Krodelsberg
Bauerngrün
Emtmannsberg
Ottmannsreuth
Neuenreuth
Unternschreez
Hauendorf
Eimersmühle
Linhardshaus
Freileithen
Huth
Oberölschnitz
Unterölschnitz
Seidelmühle
Bockmühle
Bocksrück
Hörhof
Hagenohe
Leismühle
Reuthaus
Sägmühle
Sorg
Großweiglareuth
Lankenreuth
Dorschenhof
Tiefenthal
Altenk
Kleinweiglareuth
Boden
Hammermühle
Hagenreuth
Oberneuben
Unterneuben
Creußen
Bühl
Kirchsteig
Neuhof
St 2184
Biergarten/-keller
Parkplatz
Mühle
Abstecher
Start der Wanderung
Ziel der Wanderung
N
0 400 800m

Markgrafenzeit wiederhergestellt wurden. Der Schlosspark wurde, vor allem durch die Markgräfin Wilhelmine, mit Einsiedeleien, Grottenberg, einem Ruinentheater, dem Grabmal des Lieblingshundes der Markgräfin, einem chinesischen Vogelhaus und der Unteren Grotte mit Nymphengruppe ausgestattet. Die beiden Schlösser können besichtigt werden. Die Wasserspiele der Bassins werden nur zu bestimmten Zeitpunkten angestellt.

Am malerischen Roten Main.

Bei dieser Wanderung haben wir die Eremitage von Bayreuth mit ihren großartigen Bauwerken und ihrem Park als Ziel. Für eine Besichtigung dort sollten wir die nötige Zeit einplanen. Zu Beginn der Tour können wir, wenn wir den Umweg vom Bahnhof Creußen in die Stadt nicht scheuen, das Eremitenhäuschen anschauen. Man sieht, dass es im Bürgertum Nachahmer der Natur- und Einsiedeleiromantik gegeben hat. Der einfache Dorfbewohner, der sich mit dem Erwerb des täglichen Brots herumschlagen musste, wird hier-

Wir kommen an der Schlehenmühle vorbei.

für wenig Verständnis gehabt haben. Wir können heute Naturromantik im Tal des Roten Mains erleben.

Das Flüsschen entspringt in der Nähe von Creußen und vereinigt sich bei Kulmbach mit dem Weißen Main, der vom Ochsenkopf im Fichtelgebirge (siehe Wanderung 19) kommt. Dem Weißen Main folgt die Markierung „blaues M auf weißem Grund", dem Roten Main die Markierung „rotes M auf weißem Grund". Wir können uns auf der Wanderung von der M-Markierung (oder auch von den Schildchen des Fränkischen Gebirgswegs) leiten lassen.

Zwei Abweichungen sind zu empfehlen. Die erste führt uns zum Forsthaus Kamerun. In dem ehemaligen Forstdienstgebäude finden wir eine friedliche Gartengaststätte mit guter italienischer Küche. Der Wanderer wird sich fragen, wie der Name eines afrikanischen Landes nach Oberfranken kommt. Die Erklärung ist folgende: Im Jahr 1884 kamen zwei durstige Hochradfahrer von Bayreuth zum Forsthaus von Ottmannsreuth. Der eine der beiden war der Verlobte einer Tochter von Cosima Wagner (die zweite Ehefrau von Richard Wagner). Die Frau des Försters reichte den Männern Erfrischungen. Beide kehrten begeistert nach Bayreuth zurück und erzählten ihren Kollegen an der Bayreuther Bühne von ihrem Erlebnis. Da am gleichen Tag im fernen Afrika die Deutschen durch Hissen ihrer Flagge von der Ko-

Fränkische Bauern sind freundlich und fotogen.

lonie Kamerun Besitz ergriffen hatten, nannten die Bayreuther Wagnerianer ihren „Besitz" im fränkischen „Urwald" Neu-Kamerun. In der Folgezeit erhielt der Förster eine Gaststättenkonzession und viele Bayreuther pilgerten hinaus, auch Cosima Wagner selbst. Der Name Kamerun blieb der Gaststätte bis heute erhalten.

Der zweite Abstecher führt uns zur Bodenmühlwand. Sie wurde mit dem offiziellen Gütesiegel „Bayerns schönste Geotope" ausgezeichnet. Der Rote Main hat sich dort tief in den Boden gegraben und einen 30 m hohen Steilhang mit den Erdschichten aus der Mittleren Keuperzeit vor 230 Millionen Jahren freigelegt. Die verschiedenen Schichten sind so gut zu sehen wie sonst kaum in Deutschland. Bekannt ist die Bodenmühlwand auch wegen ihres Fossilienreichtums. Die feingerippten Schälchen von Muschelkrebsen wurden in großen Mengen gefunden. Zudem entdeckten Geologen Reste von Quastenflossern und urzeitlichen Haien.

Wegbeschreibung

Am Bahnhof Creußen gehen wir auf dem Bahnsteig zum Bahnübergang. Wollen wir zur 750 m entfernten Altstadt von Creußen, folgen wir der Straße nach rechts und kehren später auf derselben Route zurück. Die Hauptroute führt uns vom Bahnübergang links auf der Straße Richtung Tiefenthal und bereits nach 40 m links in einen Fahrweg. Hier tauchen die Markierungen des Rotmain-Wanderwegs und des Fränkischen Gebirgswegs auf, die uns fast den ganzen Tag begleiten.

Wir wandern längere Zeit neben dem Bahngleis, dann durch den Weiler Hagenohe und kurz hinab an den Roten Main. Nach 1,5 km auf schönen Waldpfaden unweit des Flusses wird dieses auf einem Steg überquert. 1 km später treffen wir auf eine Forststraße. Geradeaus gelangen wir in wenigen Minuten beschildert zum Forsthaus Kamerun.

Zum Weitermarsch kehren wir zurück an die Forststraße. Hier biegen wir links ab und befinden uns wieder auf dem Rotmain-Wanderweg und dem Fränkischen Gebirgsweg. Bald darauf geht es hinab an den Roten Main hinab und idyllisch zwischen dem Fluss und dem Mühlgraben der Schlehenmühle entlang. Noch vor der Mühle wird der Main auf einem Steg überquert. Auf einem Sträßchen geht es rechts zur bereits sichtbaren Ausflugsgaststätte Schlehenberg.

Beim Parkplatz der Gaststätte geht es weiter. Ein Schild und die beiden Markierungen zeigen uns die Richtung zur Eremitage an. 900 m nach der Einkehr lohnt sich der Abstecher links zur Bodenmühlwand. Die Hauptroute führt uns auf einem Steg über den Roten Main, dann kurz ansteigend vom Fluss weg, unter die Bundesstraße 22 hindurch, durch ein Wäldchen und nach Aichig hinein.

Figurengruppe in der Parkanlage Eremitage.

Märzenbecher, ein schöner Frühlingsbote.

Wir gehen auf der Steinwaldstraße und der Frankenwaldstraße abwärts bis vor die stark befahrene Kemnather Straße. Dieser folgen wir links für 200 m auf dem Rad- und Fußweg. Dann überqueren wir die große Straße. Immer geradeaus bringt uns die Wunaustraße an die Eremitenhofstraße, an der wir uns links halten. Nach weniger Schritten liegt rechter Hand eine erste Stadtbushaltestelle sowie die Eremitenklause mit dem Biergarten. 100 m danach biegen wir rechts auf einem Weg in das weitläufige Gelände der Eremitage ein. Auf Erläuterungstafeln können wir uns über den Park und seine Baulichkeiten informieren. Die Bushaltestelle Eremitage befindet sich am westlichen Parkausgang, der am einfachsten über die geteerte Hauptallee zu erreichen ist.

Das Neue Schloss mit Wasserbecken.

21

Forsthaus Kamerun

Anschrift: Ottmannsreuth 7, 95473 Creußen

Lage: Ruhig und idyllisch im Wald gelegen. Gedeckte Tische auf der Terrasse, Biergartengarnituren auf der Wiese. Teils sonnig, teils schattig.

Essen und Trinken: Großes Angebot an italienischen Gerichten. Antipasti, Salate, Pizzas, Pasta, Fleisch- und Fischgerichte. Erfreulicherweise sind eine ganze Reihe der Gerichte vegan und auf der Karte gekennzeichnet. Biere von Veldensteiner in Neuhaus an der Pegnitz und Simon in Lauf an der Pegnitz. Umfangreiche Auswahl an italienischen Weinen.

Telefon: 09209 330

Internet: www.restaurant-kamerun-bayreuth.de

Ausflugsgaststätte Schlehenberg

Anschrift: Schlehenbergstraße 51, 95517 Bayreuth (Schlehenberg)

Lage: Ruhig, in der Nähe einer wenig befahrenen Straße. Garten mit alten Baumbestand. Sonnige wie auch schattige Plätze.

Essen und Trinken: Überwiegend Brotzeiten. Kaffee und Kuchen. Sonntags mehrere warme Gerichte wie Braten mit Klöße. Biere von EKU in Kulmbach und Hönicka-Bräu in Wunsiedel.

Telefon: 09209 226

Eremitenklause

Anschrift: Eremitenhofstraße 29, 95448 Bayreuth

Lage: Kleiner, feiner Biergarten mit schattigen und sonnige Plätzen.

Essen und Trinken: Klassische fränkische Fleischküche. Nach Möglichkeit werden frische, regionale und saisonale Zutaten verwendet. Tierliebhaber(innen) können sich hier allerdings nur flüssig ernähren, etwa mit Bieren von Will in Schederndorf und Maisel in Bayreuth.

Telefon: 0921 799970

Internet: www.eremitenklause-bayreuth.de

Bier vor vier im nördlichen Frankenjura

11 Brauereien in 2 Tagen

Ebensfeld – Unterneuses – Pferdsfeld – Haus am Dornig – Morgenbühl – Loffeld – Stublang – Uetzing – Sulligknöcklein – Schwabthal – End – Kemitzenstein – Wattendorf – Schederndorf – Gräfenhäusling – Würgau – Demmelsdorf – Scheßlitz

Zunfthaus der Brauer in Scheßlitz.

Weglänge: 41 km (18 km bis Schwabthal)
Aufstieg / Abstieg: 770 hm / 720 hm (380 hm / 280 hm bis Schwabthal)
Reine Gehzeit: 11 1/4 Stunden (5 Stunden bis Schwabthal)
Start: Bahnhof Ebensfeld an der Strecke Bamberg – Hof.
Ziel: Bushaltestelle Kilianskirche in Scheßlitz an den Buslinien 963 Weismain – Scheßlitz – Bamberg und 969 Hollfeld – Scheßlitz – Bamberg.
Gelände: Die Wanderung verläuft meist durch abwechslungsreichem Wiesen- und Ackergelände, kürzerer Strecken führen auch durch Wald. Meist bequem zu gehende Wege fernab von Autostraßen. Der steile Abstieg nach Würgau erfordert etwas Trittsicherheit.
Empfohlene Jahreszeit: Diese Zweitagestour ist fast das ganze Jahr über möglich. An sehr heißen Tagen ist sie aber nicht zu empfehlen, da es oft durch schattenloses Terrain geht. Den Abstieg nach Würgau sollte man bei Glätte durch Schnee, Eis und starke Regenfälle vermeiden.

Karte: Coburger Land – Oberes Maintal – Bamberg, UK50-3, 1:50 000 von Landesamt für Digitalisierung, Breitband und Vermessung Bayern

Sehenswertes:

Kemitzenstein: Das markante Felsenriff der Fränkischen Alb liegt auf einer Höhe von 580,6 m ü. NN und ist der höchste Punkt unserer Zweitagestour. Auf dem Kemitzenstein wurden Tongefäße gefunden, die wahrscheinlich germanischen Ursprungs sind. Da der Ort nicht zur Besiedlung eignet, wird vermutet, dass er als Kultstätte genutzt wurde.

Scheßlitz: siehe Wanderung 11

Übernachtung am Ende des ersten Tags: Landhotel Augustin (09573 96970, www.hotel-augustin.de), Vitalhotel Zum Löwen (09573 92800, hotel-zum-loewen.de), Landgasthof Zur Scheune (09573 6545, www.zur-scheune-schwabthal.de) oder Landhotel Sonnenblick (09573 9240, www.sonnenblick-schwabthal.de) in Schwabthal oder Landgasthof Schwarzer Adler (siehe Seite 187) in End.

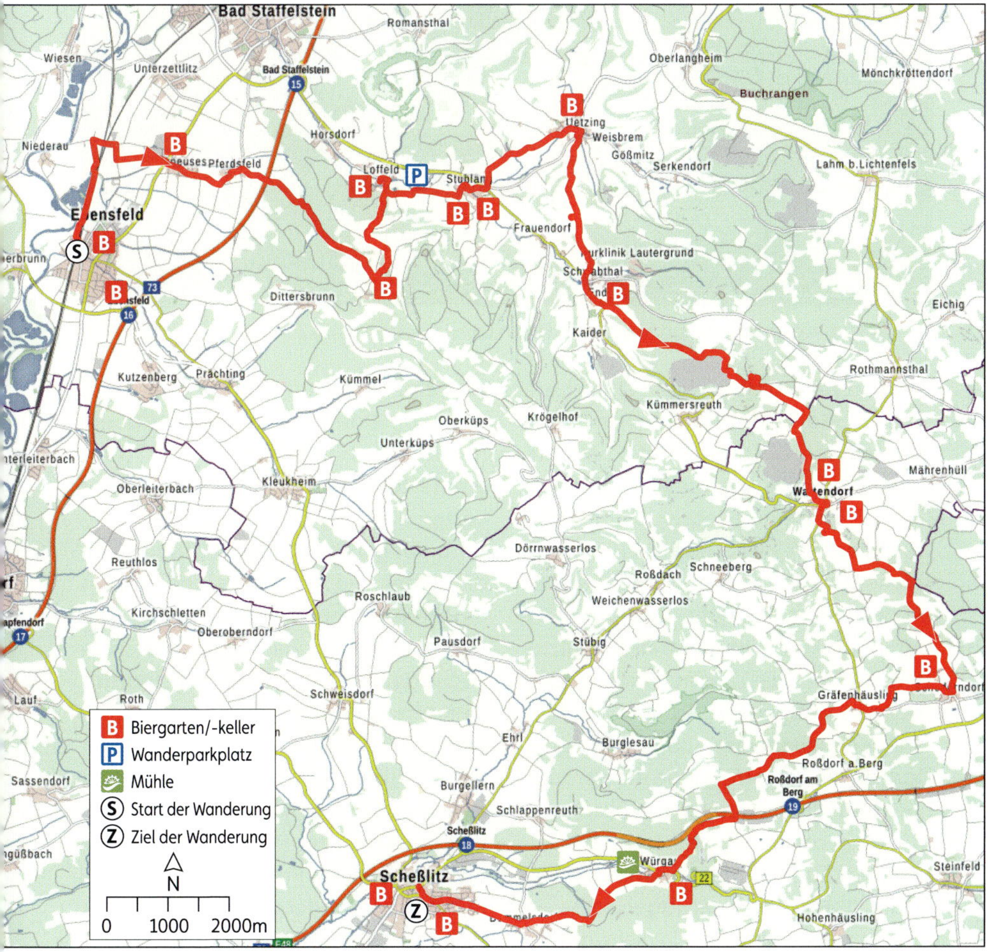

Staffelbergblick im Abstieg von Morgenbühl nach Loffeld.

Diese Zweitagestour ist rekordverdächtig. So viele Brauereien mit dazugehörigen Gasthöfen auf so engem Raum wird man kaum ein zweites Mal finden. Auf dem beliebten Brauereienweg der „Weltrekordgemeinde" Aufseß liegen gerade mal vier Brauereien an der Strecke. Es geht auch gar nicht darum, Rekorde im Biertrinken aufzustellen oder alle 11 Brauereien zu besuchen. Maßgebend ist ein schönes Wanderwochenende zu verbringen. Dass dabei hervorragende Kleinbrauereien am Weg liegen, ist ein Geschenk, das wir gerne annehmen.

An einem Tag schaffen nur Wanderprofis die Strecke. An zwei Tagen sollte sie jedoch zu bewältigen sein. Schwabthal und End liegen ungefähr in der Mitte der Tour. Dort gibt es mehrere Übernachtungsmöglichkeiten. Ein paar empfehlenswerte finden Sie im Infokasten auf Seite 177.

An beiden Tagen haben wir die Qual der Wahl, wo wir essen und trinken möchten. Ausnahmslos handelt es sich um Gaststätten mit fränkischer Küchentradition. Mit dem Engelhardt's Keller in Ebensfeld, der Brauereigaststätte Bräustübl in Loffeld und dem Landgasthof Schwarzer Adler in End gehen erst drei Lokale mit der Zeit und bieten etwas rein Pflanzliches an. Die Biere sind keine Produkte der Braueindustrie, sondern individuell hergestellte Erzeugnisse kundiger Braukunst mit einem breiten Geschmacksspektrum.

Die Wanderung ist abwechslungsreich, verläuft auf gut zu gehenden Wegen in schöner Landschaft und bringt uns mit Autoverkehr nur selten in Berührung. Der erste Abschnitt führt durch das weite Maintal. Hinter Pferdsfeld ersteigen wir die Anhöhe des Morgenbühls. Dort finden wir einen besonders schönen Rastplatz mit Blick zum Staffelberg. Danach geht es durch Obstbaumgelände nach Loffeld hinunter. Vor uns liegt der Staffelberg (wer besonders fit ist, könnte ihn in zusätzlichen 1½ Stunden mitnehmen; siehe Wanderung 12). Wir wandern im Lautertal nach Stublang und zum besonders schönen Dorf Uetzing. Es folgt ein Anstieg zum Sulligknöcklein. An dem Aussichtspunkt gibt es interessante Vegetation, etwa seltene Orchideen zu entdecken. Die Nacht verbringen wir in Schwabthal oder End.

Der zweite Tag führt uns zumeist über die Höhen des nördlichen Frankenjuras mit seinen schönen Heckenlandschaften, Äckern mit weißen „Kalkscherben" und zahlreichen kleinen Waldinseln. Nach einem Steinbruch passieren wir den Kemitzenstein, einer hochinteressanten Felsgruppe, die auch bei Kletterern beliebt ist. In Wattendorf erwarten uns wieder zwei Brauereiwirtschaften.

Die Felsen des Kemitzensteins ziehen auch Kletterer an.

Blick auf das reizvoll im Tal gelegene Uetzing.

Das nächste Ziel ist Schederndorf. Die dortige Brauerei Will besitzt einen sehr schönen Biergarten, der an wetterbegünstigten Sonntagen viel besucht wird. Der Weiterweg über die Jurahochfläche ist besonders reizvoll, gleichwohl trifft man hier nur selten Wandersleute. Zum Abschluss wandern wir durch eine Schlucht zum Brauereigasthof Hartmann in Würgau und nach Scheßlitz hinein. Bedauerlicherweise ist von zahlreichen Kleinbrauereien in dem hübschen Städtchen nur die Brauerei Drei Kronen übrig geblieben. Wer lieber im Freien sitzt kann auf den Schwanenkeller ausweichen.

Wegbeschreibung

Erster Tag

Am Bahnhof Ebensfeld gehen wir, wenn mit dem Zug von Bamberg ankommen, durch die Unterführung auf die zentrumsferne Seite und biegen rechts in die Bahnhofstraße ein. Treffen wir von Lichtenfels mit dem Zug ein, laufen wir gleich rechts in diese Straße. Beim Badesee geht der Asphalt in einen breiten Feldweg über. Dieser bringt uns vor ein wenig befahrenes Sträßchen, dem wir nach rechts folgen. Wir überqueren die Bahnstrecke auf einer Brücke und verlassen das Sträßchen schon wieder nach rechts in einen Fahrweg. Bei der nächsten Gelegenheit links in einen breiten Feldweg. Wir gelangen an die Straße Viehtriebweg und zum Brauereigasthaus Martin.

Wir überqueren vorsichtig die Staatsstraße 2197 und durchqueren Unterneuses auf der Pferdsfelder Straße. Danach führt diese zwischen Feldern hindurch und nach Pferdsfeld hinein. In der Ortsmitte an einer Kreuzung bei einem zweigeschossigen Fachwerkhaus, dem alten Gemeindehaus, halten wir uns rechts. Der ehemalige Brauereigasthof Leicht und die Kapelle Herz-Jesu werden passiert. Kurz darauf biegen wir bei einem Parkplatz und einem Spielplatz rechts ab. Auf einem Sträßchen geht es unter die Autobahn 73 hindurch und nach dieser geradeaus weiter. Nun nicht mehr auf Teer wird ein Waldeck erreicht. Wir wenden uns nach rechts und betreten den Wald. Nach 100 m links, 50 m später rechts. Wir wandern auf einem Fahrweg unweit des Haselbachs, dann am Waldrand und über Magerwiesen bis an eine Landstraße. Diese würde uns etwas schneller hinauf zur Anhöhe Morgenbühl bringen. Wir biegen lieber nach knapp 100 m rechts ab und steigen kurz zum Haus am Dornig mit seiner attraktiven Terrasse empor.

Mehrere Markierungen leiten uns an die Landstraße am Morgenbühl, wo der Staffelbergblick und mehrere Ruhebänke, auch etwas erhöht am Hang, zum Verweilen einladen. Kurz hinter dem höchsten Punkt verlassen wir den Asphalt nach links. Mit den Schildchen u. a. des Frankenwegs wandern wir stetig bergab durch die Flur, durch ein Waldstück und nach diesem auf der Straße Dornigweg nach Loffeld hinein. Vor der Lauter und der Kappelle halten wir uns links und erreichen wenig später das Staffelberg-Bräu, wo man Bier kaufen, zum Essen und Trinken einkehren und sogar übernachten kann.

Wir kehren auf der Straße Dornigweg zurück zu der Stelle, an der wir vor-

Sehr schöner Bauerngarten in Uetzing.

hin aus dem Wald gekommen sind. Nun folgen wir der Straße aber noch für gut 100 m, ehe wir sie links in einen Fahrweg verlassen. Wenn dieser eine keiten gibt. Offizielles Ende der ersten Etappe ist der Landgasthof Schwarzer Adler im Dorf End, den wir von Schwabthal aus in wenigen Minuten auf einem

Kein Aprilscherz in Wattendorf.

Rechtskurve macht, geht es geradeas auf einem schmäleren Weg weiter. Der nächste Fahrweg wird erreicht. Wir folgen diesem nach links. Auf Höhe von Stublang halten wir uns links. Im Ort unmittelbar vor dem Bach biegen wir rechts in die Straße An der Döitz ein. Die beiden Brauereien Dinkel und Hennemann werden passiert.

Wir biegen ein paar Schritte vor dem Metzgerbräu links in die Sulliggasse ab. Unsere Markierung bringt uns hinauf zum Sulligknöcklein. Zum Gipfel des Bergkegel ist es ein kleiner Abstecher. Dort gibt es eine Bank mit Tisch und Aussicht. Wieder bergab geht es nach Schwabthal hinein, wo es mehrere Einkehr- und Übernachtungsmöglich-

Fußweg neben der Staatsstraße 2204 Richtung Kümmersreuth erreichen.

Zweiter Tag

Wir folgen vom Landgasthof Schwarzer Adler in End für 100 m der Staatsstraße 2204 Richtung Kümmersreuth und biegen dann links in einen anfangs befestigen Fahrweg ab. Die Markierung „Gelber Punkt" und die Wegweiser zum Kemitzenstein führen uns durch die Flur, durch ein Waldstück und an einem Steinbruch entlang. Dann geht es rechtwinkelig vom Steinbruch weg. 300 m danach wird eine Kreuzung mit mehreren Wegen und einem kleinen Parkplatz an einem Waldeck erreicht. Der „Gelbe Punkt" verlässt uns nach

Dorfstraße in Uetzing.

rechts. Wir machen zunächst den Abstecher nach halblinks zum Kemitzenstein, einem überraschend breiten Felsenriff.

Zurück am Waldeck geht es scharf links auf einem Fahrweg weiter. Nach 150 m wählen wir an einer Gablung die rechte Option. Wir wandern bald zwischen Feldern an eine Wegkreuzung am nächsten Waldeck. Hier halten wir uns rechts. Nun machen wir es uns leicht und folgen der Markierung „Roter Punkt" bis nach Wattendorf hinein. Auf der Straße Kirchberg wird die Pfarrkirche St. Barbaba passiert. Nach einem Rechtsknick erreichen wir die Hauptstraße mit den beiden direkt gegenüberliegenden Brauereigasthöfen.

Wir gehen auf der Hauptstraße kurz nach rechts und folgen dann links dem Straßenwegweiser Richtung Gräfenhäusling. 100 m nach dem Ortsende biegen wir bei einem Steinkruzifix links in einen befestigten Weg ein. Eine Biogasanlage wird passiert. Kurz danach in einem kleinen Waldstück scharf links weiter. Der Fahrweg führt uns zurück auf offenes Gelände und vor ein Windrad. Hier wandern wir links weiter. 350 m später biegen wir nicht links zu dem zweiten Windrad ab, sondern behalten die Richtung bei. Wir bleiben noch 700 m dem Fahrweg treu, ehe wir an einem Waldeck an einer Wegkreuzung rechts gehen. Kurz vor Schederndorf wird ein Sträßchen erreicht. Im Ort führt uns die erste Straße rechts zum Brauereigasthof Will.

Wir folgen weiter geradeaus der Straße bis zum Ortsende. Vor einem kleinen Teich geht es links auf einem Fahrweg in die Flur hinaus. Der „Gelbe Balken" gibt nun für die nächste 4,5 km die Richtung vor. Die Markierungen führen uns durch offenes Gelände nach Gräfenhäusling hinein und nach dem Kirchendorf weiter durch Flur und Wald nach Südwesten. Nachdem wir eine Hochspannungsleitung unterquert haben, bleiben wir noch 850 m auf dem Fahrweg. Dann verlassen wir bei einem Pflock am Waldrand den „Gelben Balken" nach links. Ohne Wegzeichen wird ein Wäldchen durchquert, im Anschluss die Autobahn 70 unterquert. Auf der anderen Seite halten wir uns rechts. Wir folgen nun der Markierung „Rotes liegendes Kreuz". Auf einem schönen Steig geht es hinab nach Würgau (Verwegene könnten im Wald vorher noch links die Felsgruppe Nebelstein mit dem Nürnberger Turm mitnehmen). An der Ortsdurchgangsstraße, der Fränkische-Schweiz-Straße, halten wir uns rechts. Zum Brauereigasthof Hartmann sind es noch gut 200 m. Für den Weiterweg folgen wir der Straße Winterleite zwischen dem Eingang des Gasthofs und dem Biergarten. Bei der Abfüllanlage der Brauerei halbrechts, dann auf einem befestigten Fahrweg aus den Ort hinaus. Das „Rote liegende Kreuz" ist zurück und leitet uns auf den nächsten 2 km bis an den Ortsrand von Demmelsdorf. Die Markierung endet hier. Wir behalten die Richtung bei, wählen also nicht links die Wohnstraße Rabensteinweg. Im Dorfzentrum taucht das „Gelbe Kreuz" auf. Es führt uns auf der Demmelsdorfer Straße, der Straße Altenbach und der Wilhelm-Spengler-Straße an die Hauptstraße in Scheßlitz. Hier befinden sich der Brauereigasthof Drei Kronen sowie die Bushaltestelle Kilianskirche.

22

Ich kaufe ein F und möchte lösen.

Ebensfelder Brauhaus

Anschrift: Oberer Kellbachdamm 7, 96250 Ebensfeld (600 m abseits der Route)

Lage: Der leider unbegrünte Brauhausgarten befindet sich direkt auf dem Brauereigelände.

Essen und Trinken: Ausgeschenkt und zur Mitnahme verkauft werden die Sorten Edel Pils, Fränkisches Landbier, Adam Riese Urtrunk und Weißbier hell. Zudem saisonale Biere.

Telefon: 09573 885

Internet: www.ebensfelder-brauhaus.de

Engelhardt's Keller

in Ebensfeld, 1,3 km abseits der Route, siehe Wanderung 12

Gasthaus Martin

Anschrift: Viehtriebweg 3, 96250 Ebensfeld (Unterneuses)

Lage: Der Biergarten liegt ruhig auf einer begrünten Terrasse mit Blick in den Hausgarten des Gasthauses. Sonnenschirme sorgen für Schatten.

Essen und Trinken: Das kräftige, bernsteinfarbene Landbier der Brauerei ist hervorzuheben. Auf die Teller kommen fränkische und deutsche Fleischgerichte. Brotzeiten aus der eigenen Wurstküche, Schnitzel, Wildgulasch, Karpfen, Forellen.

Telefon: 09573 4382

Internet: www.gasthof-martin-unterneuses.de

Haus am Dornig

in Sträublingshof, siehe Wanderung 12

Brauereigaststätte Bräustübl

in Loffeld, siehe Wanderung 12

Brauerei Dinkel

Anschrift: Am Dorfbrunnen 19, 96231 Bad Staffelstein (Stublang)

Lage: Man sitzt ruhig und urig auf Bierbänken und -tischen direkt im Innenhof der Brauerei. Sonnige Plätze wie auch Schatten unter Bäumen.

Essen und Trinken: Das süffig-würzige Lagerbier der eigenen Brauerei gibs vom Fass im Steinkrug oder in der Flasche für den Weg. Sofern Essen angeboten wird, dann fränkische Brotzeiten.

Telefon: 0170 3073281

Internet: www.brauerei-dinkel.de

Gasthof und Brauerei Hennemann

Anschrift: Am Dorfbrunnen 13, 96231 Bad Staffelstein (Stublang)

Lage: Angenehm und ruhig sitzt man hinten im kleinen eingegrünten Hof. Der Wirt und Brauer hat ein kleines Brauereimuseum eingerichtet.

Essen und Trinken: Nach der früher üblichen Art der Maischeerhitzung mit Holzfeuer werden wohlschmeckende Biere gebraut, so ein bernsteinfarbenes Landbier, ein fast schwarzes Dunkel und ein Hefeweizen. Auf der Speisekarte findet man beispielsweise Brotzeiten, Schäufela, Haxen, Wild, Steaks, Fisch. Veganes: wie so oft Fehlanzeige.

Telefon: 09573 96100

Internet: www.brauerei-hennemann.de

Metzgerbräu

Anschrift: Stublanger Str. 2, 96231 Bad Staffelstein (Uetzing)

Lage: Die Brauerei besteht seit 2004 und fällt etwas aus dem Rahmen. Der Brauer ist wie sein Vater auch Metzger und räuchert Schinken und Wurstwaren. Daneben betreibt er einen Dorfladen. Man kann an Biergarnituren vor dem Haus und an Gartentischen in einem Holzhäuschen verweilen.

Essen und Trinken: Manfred Reichert braut ein bernsteinfarbenes Lagerbier (im Sommer auch ein Weizenbier). Zum Verzehr erhält man außer Brotzeiten meist auch warme Fleischgerichte.

Telefon: 09573 6304

Internet: www.metzgerbraeu.com

Landgasthof Schwarzer Adler

Anschrift: End 13, 96231 Bad Staffelstein

Lage: Hinter dem Haus liegt ein überraschend schöner und ruhiger Biergarten mit altem Baumbestand.

Essen und Trinken: Umfangreiche Speisekarte. Man ist hier auf die Zubereitung von Fisch spezialisiert, doch wird auch die fränkische Küche nicht vernachlässigt. Und sogar etwas Veganes findet sich unter den Fisch- und Fleischbergen, etwa gefüllte Paprikaschoten auf Tomatensoße mit Reis. Das Adlerbräu ist ein dunkles Vollbier mit überraschend viel Kohlensäure. Es wird seit 1990 nicht mehr im Haus gebraut, sondern nach dem überlieferten Rezept von der Brauerei Hetzel im nahen Frauendorf. Auch deren Biere werden im Schwarzen Adler vom Fass ausgeschenkt.

Telefon: 09573 22260

Internet: www.schwarzer-adler-landgasthof.de

Brauerei und Gasthof Dremel

Anschrift: Hauptstraße 21, 96196 Wattendorf

Lage: Bänke und Tische vor dem Haus und im Hof der Brauerei, die seit 1773 besteht und seit 1865 in Familienbesitz ist.

Essen und Trinken: Fränkische Küche und Brotzeiten, aber auch Burger und Pizza. Vegan ist hier aber leider nur der Gerstensaft. Gebraut werden nach traditioneller Weise mit Holzfeuerung ein dunkles und ein helles Vollbier. Mittlerweile ergänzen ein Weißbier und ein Pils das Sortiment.

Telefon: 09504 271

Internet: www.brauerei-dremel.de

Brauerei und Gasthof Hübner

Anschrift: Hauptstraße 28, 96196 Wattendorf

Lage: Der Außenbereich lädt zum Verweilen im dörflichen Ambiente ein.

Essen und Trinken: Die Küche ist nach fränkischer Art auf Fleisch und Wurst ausgerichtet. Gebraut und ausgeschenkt werden ein bernsteinfarbenes Lagerbier, ein naturtrübes Zwickelpils sowie das „3-Ährenbier".

Telefon: 09504 207

Internet: brauerei-huebner.de

Brauerei Will

Anschrift: Schederndorf 19, 96187 Stadelhofen

Lage: Vor dem Haus an der Dorfstraße stehen Biergarnituren, auf der anderen Straßenseite befindet sich der schöne Biergarten mit Sonnenplätzen wie auch Schatten unter Bäumen.

Essen und Trinken: Man erhält vor allem hausgemachte Brotzeiten. Der Ziebeleskäs stammt aus der eigenen Käserei und ist eine Spezialität der Gaststätte. Gebraut werden ein unfiltriertes Landbier und ein Landweizen.

Telefon: 09504 262

Internet: www.schederndorfer.de

Brauerei-Gasthof Hartmann

Anschrift: Fränkische-Schweiz-Straße 26, 96110 Scheßlitz (Würgau)

Lage: Schöner, großer Biergarten. Sonnige wie auch schattige Plätze.

Essen und Trinken: Wechselnde Speisekarte mit Brotzeiten, Salaten, Fleisch- und Fischgerichte. Die Küche legt Wert auf Saisonalität und Regionalität, sodass Zutaten wie Wild, Saiblinge, Karpfen, Steinpilze, Pfifferlinge, Bärlauch und Kürbis nur verwendet werden, wenn sie gerade in Franken Saison haben. Das Angebot der hier gebrauten Biere ist reichhaltig, das Brauwasser stammt aus der eigenen Felsenquelle. Es gibt leicht rauchiges Landbier, naturtrübes Kellerbier, herbes Edelpils, fruchtiges Weizen, karamelliges Schwarzbier sowie saisonale Sorten.

Telefon: 09542 920300

Internet: www.brauerei-hartmann.de

Brauerei Gasthof Drei Kronen

Anschrift: Hauptstraße 39, 96110 Scheßlitz

Lage: Gasthof und Brauerei sind schon seit sechs Generationen in Familienbesitz. Man sitzt wie anno dazumal im Innenhof oder im Wirtshaus.

Essen und Trinken: Brotzeiten, Bratwürste mit Sauerkraut, Burger, selbstgebackene Kuchen und Torten. Gebraut werden Schääzer Kronabier (Lagerbier), Original 1837 dunkel, Helles, Weißbier und Rauchbier hell. Saisonal zudem ein Roggenbier und ein Weizenbock, die beide bei Bierprämierungen ausgezeichnet wurden.

Telefon: 09542 1564

Schwanenkeller

in Scheßlitz, siehe Wanderung 11

Die Autoren

Christof Herrmann (*1972) wuchs im mittelfränkischen Ansbach auf. Seit seiner frühen Kindheit wandert er, zunächst mit seinen Eltern und beiden Geschwistern, später auch auf eigene Faust. Er hat in Würzburg Informatik studiert und war mehrere Jahre als Programmierer tätig. 2012 beschloss Christof Herrmann seinen Beruf an den Nagel zu hängen und seiner Berufung zu folgen. Seitdem ist er als Blogger und Autor selbstständig. Neben dem Wandern und Weitwandern beschäftigt er sich eingehend mit den Themen Minimalismus, Nachhaltigkeit, gesunde Lebensführung und vegane Ernährung. Er lebt in Nürnberg.

Internet: www.einfachbewusst.de
E-Mail: info@einfachbewusst.de

Helmut Herrmann (1937-2021) wuchs im oberfränkischen Coburg auf. Schon in jungen Jahren hat er zu Fuß und mit dem Fahrrad das Coburger Land und das Obermaintal erkundet. Er ist seinem Hobby Wandern auch während seines Berufslebens als Verwaltungsjurist und Verwaltungsrichter im mittelfränkischen Ansbach treu geblieben. Seine Wanderreisen führten ihn (stets mit seiner Ehefrau, lange auch mit den drei Kindern) durch Deutschland, Südtirol und in andere europäische Länder. Nach seiner Pensionierung im Jahr 2002 hat Helmut Herrmann in Zusammenarbeit mit dem Heinrichs-Verlag neun Wanderführer verfasst, die Anregung geben sollen, die schönsten Ecken Frankens und anderer Regionen Deutschlands kennenzulernen.

Verzeichnis der Biergärten und Bierkeller